Sigrid Lützenkirchen (Hg)

Ich war dabei – Ich hab's erlebt
Kindheitserinnerungen
an den Zweiten Weltkrieg

Bibliografische Information der Deutschen Nationalbibliothek:
Die Deutsche Nationalbibliothek verzeichnet diese Publikation
in der Deutschen Nationalbibliografie; detaillierte bibliografische
Daten sind im Internet über dnb.dnb.de abrufbar.

© 2019 Sigrid Lützenkirchen
2. korrigierte Auflage
Gestaltung und Satz: Foto und Satz, Bonn
Herstellung und Verlag: BoD – Books on Demand, Norderstedt

ISBN: 978-3-7494-3421-3

Inhalt

Sigrid Lützenkirchen

Vorwort

Schon lange beschäftige ich mich mit dem Gedanken, Erinnerungen aus unseren frühen Kindheitstagen während oder kurz nach dem Zweiten Weltkrieg zusammenzutragen.

Die Welt vieler Menschen war damals durch Hitlers Regime aus den Fugen geraten. Die einen waren auf der Flucht von Ost nach West, die anderen lebten mit Sorgen und Ängsten auf dem Land oder in der Stadt. Konfrontiert waren fast alle mit Hunger, Bombennächten, Toten, Vertreibungen, Entbehrungen und sonstigen schrecklichen Nachrichten.

Wir Kinder lebten dennoch in unserer zum Teil unbekümmerten kleinen Welt und spürten vielleicht nur etwas von den Sorgen der Erwachsenen im Inneren. Diese Generation können wir nun nicht mehr befragen. Vielleicht erinnern wir uns aber an Begebenheiten und Gespräche mit ihnen, die diese Zeit widerspiegeln.

So habe ich nun die Erzählungen – lustige, witzige, traurige, prägende oder erklärende – aus meinem Freundeskreis in einem kleinen Buch zusammengetragen.

Ich möchte mich ganz herzlich bei allen dafür bedanken, dass meine Idee Wirklichkeit werden konnte.

Bergisch Gladbach, den 24.02.2019

Dr. Anne Rose Knickel, geboren 1941 in Oberhausen

Meine Kinderjahre von 1941 – 1946

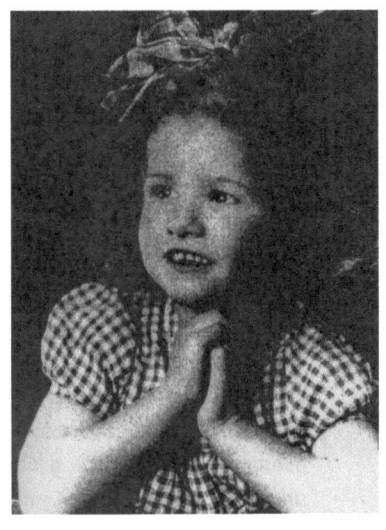

Meine Lebensgeschichte beginnt am 3. Oktober 1941 mitten im 2. Weltkrieg in Oberhausen, der Stadt der Zechen und Arbeiter.

Deutsche Truppen hatten 1939 Polen und 1940 Paris sowie große Teile Frankreichs besetzt. 45 Tage hatte der „Blitzkrieg" im Westen gedauert, bis Frankreich kapitulierte. Hitler ließ sich als „größter Feldherr aller Zeiten" feiern. Im Juni 1941 begann dann der Ostfeldzug (Unternehmen Barbarossa) und am 2. Oktober die Schlacht um Moskau an der deutsch-sowjetischen Front. Er sollte der Beginn ins Inferno werden. Der Reichsminister der Heeresführung drängte auf einen baldigen Friedensschluss, weil die Wehrmacht an materieller und personeller Kraft stark eingebüßt hatte. Bei Hitler stieß er auf taube Ohren.

Am 11.12.1941 erklärte dann Deutschland der USA den Krieg…

In dieser Nacht des 2. zum 3. Oktober 1941 war in Oberhausen dichter Nebel. Mein Vater fuhr bei sehr schlechter Sicht meine Mutter mit starken Wehen ins Krankenhaus. Eigentlich war ich gar nicht mehr vorgesehen. Meine Eltern hatten bereits drei Kinder, meinen Bruder von 10 Jahren und meine Schwestern von 9 und 7 Jahren. Morgens lichtete sich der Nebel auf, die Sirenen heulten wieder, denn die Briten setzten ihre Bombenangriffe auf das Ruhrgebiet fort. Die Gynäkologen befanden sich alle im Kriegseinsatz. Meine Herzschläge wurden immer schwächer, weil die Geburt nicht voranging. Eine Hebamme rief aufgeregt: „Wenn das nur gut geht!" Ich kam dann wegen Sauerstoffmangel ziemlich zyanotisch (bläuliche Verfärbung der Haut) auf die Welt.

Dieser Umstand erwies sich später bei den strengen Erziehungsprinzipien meines Vaters als nützliche Ausrede, wenn meine Schulnoten einmal wieder nicht seinen Vorstellungen entsprachen.

1942 nahmen die Bombenangriffe der Briten im Westen immer mehr zu. Es wurden neu entwickelte Brand- und Sprengstoffbomben eingesetzt. Die Angriffe erfolgten in immer kürzeren Abständen und hinterließen stetig mehr Obdachlose, Verletzte und Tote.

An die Jahre bis 1945 kann ich mich nur bruchstückhaft erinnern. Nach dem Krieg dominierten die Geschehnisse der Kriegszeit oft die häuslichen Gespräche. Mit meiner kindlichen Phantasie identifizierte ich mich mit dem, was ich hörte, als ob ich es selbst erlebt hätte.

In unserem Haus lag ich als Baby immer im Wäschekorb parat, um bei erneutem Sirenengeheul von meiner verängstigten Familie schnell in den Keller getragen zu werden, wo alle Zuflucht suchten. Nach einiger Zeit gewöhnte man sich an das Heulen der Sirenen, das hastige Aufstehen, Anziehen und in den Keller rennen. Doch die Überlegungen meines Vaters, seine Frau und vier Kinder in kriegssicheres Gebiet zu bringen, wurden immer dringlicher.

Schließlich kaufte er kurz entschlossen nahe der Schweizer Grenze in Konstanz ein altes Lagerhaus, das weder Strom noch Wasser besaß. Mein Vater selbst musste in Oberhausen bleiben. Als „u.k. (unabkömmlich) leitete er eine Firma mit 500 Arbeitern und wurde vom Kriegseinsatz freigestellt. Er konnte nicht einfach gehen, um sich in Sicherheit zu bringen. Meine Geschwister wurden Ende 1942 unter der Obhut einer Freundin von meiner Omi aus Berlin in ein Hotel in der Nähe des Bahnhofs von Konstanz vorausgeschickt. Sie bekamen Marmelade und Zuckerwasser zum Frühstück, das sie kräftigen sollte und das sie sehr mochten.

Nach einigen Wochen reiste meine Mutter mit mir und Schaf „Emma" als Milchquelle per Bahn nach. Wegen der Fliegerangriffe fuhren wir meistens nur nachts. Gab es Flugzeuge in der Nähe, blieb der Zug beim Durchfahren eines Waldes dort stehen, um nicht aus der Luft als bewegliches Objekt entdeckt zu werden. Die Züge wurden immer beschossen, und es gab viele Tote. Nachts waren sie weniger gefährdet und konnten durchfahren.

Als wir an unserem Zielort ankamen, war ich ein Jahr alt. Der Hotelbesitzer war von mir einem manchmal schreienden Kleinkind wenig begeistert. Gleich machte er meiner Mutter klar, dass sein Hotel kein Flüchtlingslager sei und sie mit mir sein gutes Haus schleunigst zu verlassen habe. Die Handwerker versuchten im Lagerhaus ihr Bestes, es war aber immer noch nicht bewohnbar.

So war meine Mutter froh, mit mir in einer kleinen, einfachen Pension unterzukommen. Die Besitzerin dieser Pension, eine Frau Pfeiffer, war eine etwas seltsame Person. An der Haustür gab es mehrere Namensschilder von ihren Ex-Ehemännern. Sie war ungefähr fünfzig Jahre alt. Ich erinnere mich an ihre schwarzgrauen Haare mit Kurzhaarschnitt, eine Knubbelnase, die ungepflegte, völlige Figur, immer schwarz gekleidet. Wir Kinder mochten sie nicht. Später besuchte sie uns oft in unserem neuen Zuhause.

Endlich konnten wir dann das Lagerhaus beziehen, jetzt mit Strom und Wasser. Es gab ein Wohnzimmer mit Küche, ein Schlafzimmer, in dem meine Geschwister schliefen und eins für meine Mutter mit mir. Unter dem Dach gab es noch ein weiteres Zimmer, das zunächst leer blieb. In der Garage wurde Schaf Emma untergebracht, und es gab einen Raum, in dem teure Maschinen der Firma lagerten.

Die nächsten Jahre wurschtelte man sich irgendwie durch. Für mich waren es glückliche Jahre. Es gab keinen Kindergarten. So war ich viel mit meinem gleichaltrigen Freund Peter, einem Bäckerjungen aus der Nachbarschaft, tagsüber unterwegs. Die Sorgen der Erwachsenen kümmerten uns nicht.

1943 siegte die Sowjetische Armee in Stalingrad. Das war die erste bedeutende deutsche Kapitulation in diesem Krieg. Die Lufthoheit der Alliierten in Europa wurde immer erdrückender, und Italien verließ das Bündnis mit Deutschland. Die Bombardierungen in den Städten nahmen immer intensiver zu. Ganze Straßenzüge wurden in Schutt und Asche gelegt und in trostlose Trümmerwüsten verwandelt. Die Jagdbomber griffen jetzt im Tiefflug an und beschossen Menschen, die sich auf der Straße befanden. Die Bevölkerung wurde in Angst und Schrecken versetzt.

Unser Wohnhaus in Duisburg wurde bei einem Luftangriff völlig zerstört.

Mein Vater hatte glücklicherweise zum ersten Mal im Luftschutzbunker Zuflucht gesucht und deshalb überlebt. Als er zum Bunker aufbrach, hörte er noch, wie der Nachbar verzweifelt nach seinem Hund rief, weil auch er eilig dorthin wollte. Als mein Vater nach dem Bombenangriff zurückkehrte und sein Haus nur noch als brennende Ruine vorfand, war auch das Nachbarhaus nur noch ein Trümmerhaufen, auf dem der Hund jaulend saß. Sein Herrchen war tot, den rettenden Luftschutzbunker hatte es nicht mehr erreicht.

Meine Mutter erhielt davon erst Nachricht, als unser Vater nach einer Fahrradfahrt von 588 km vom Rheinland nach Konstanz uns besuchte.

Mit den Großeltern in Berlin hatten wir keinen Kontakt. Die Telefon- und Postverbindungen funktionierten nicht. Das schöne Haus in Charlottenburg war inzwischen völlig zerstört. Vorrübergehend hatte Omi Ruhr und der Bruder meiner Mutter war als Helfer bei einem Bombenangriff umgekommen. Die Reichshauptstadt Berlin war die Stadt mit den meisten Bombenangriffen. Von dem allem und späteren Ereignissen in Berlin erfuhr meine Mutter erst nach Kriegsende. Sie machte sich natürlich Sorgen, wie es ihrer Familie in Berlin ging, und ob sie überhaupt noch lebte.

1944 am 6.6., dem D-Day, landeten die westlichen Alliierten in der Normandie, im Oktober erreichte die Rote Armee die deutsche Grenze und die Alliierten Aachen, die erste deutsche Großstadt. Im April 1945 erfolgte dann die erbitterte Schlacht um Berlin.

Am 7. Mai 1945 wurde in Reims die bedingungslose Kapitulation der Wehrmacht unterzeichnet. Hitler hatte 7 Tage vorher Selbstmord begangen.

Der grausame Krieg war vorbei, aber an eine Rückkehr ins zerstörte Ruhrgebiet war so schnell nicht zu denken.

Noch im Februar 1945 hatte mein nun 14-jähriger Bruder einen Einberufungsbefehl erhalten. Er sollte an der „Heimatfront" eingesetzt werden. Kurzerhand steckte meine Mutter ihren Sohn ins Bett, und der Arzt schrieb ein Attest: „Einsatzunfähig wegen akuter Blinddarmentzündung".

Das Land wurde in vier Besatzungszonen aufgeteilt. Konstanz, das nicht zerbombt wurde, gehörte nun wie das gesamte Bodenseegebiet zur französischen Besatzungszone, und die Franzosen marschierten ein.

Das Kriegsende machte das Leben für die Bevölkerung keinesfalls leichter. Schon im Krieg waren die Lebensmittel rationiert, aber jetzt gab es kaum etwas zu essen, und die Kriminalität war wegen der Not hoch. Hunger- und Kältejahre begannen. Es fehlte an allem, besonders an Lebensmitteln und Brennmaterial.

Wir hatten Angst vor den Franzosen. Mutti bezeichnete sie immer noch als Erzfeind. Sie stahlen Hammel, um sie neben einer großen Straße öffentlich auf einem dicken Stock aufzuspießen und zu braten. Meine Schwester Christa, jetzt elf Jahre alt, führte jeden Mittag unser Schaf aus, damit es etwas zu fressen bekam. Sie war immer mit einem Messer bewaffnet, aus Angst auf den engen Wegen zwischen Schrebergärten einem Franzosen zu begegnen, der ihr das Tier wegnehmen könnte. Obwohl es von der Kommandantur verboten war, überfielen französische Soldaten nachts Wohnungen und Häuser, um wertvolle Dinge zu stehlen. So standen eines abends drei französische Soldaten in unserem Wohnzimmer und schauten sich nach Wertgegenständen um. Da es nichts Besonderes zu entdecken gab, zeigte ein Soldat auf die große, kunstvoll verzierte Glaslampe neben der Eckbank und befahl in strengem Ton: „La lampe!" Beherzt griff meine elfjährige Schwester Christa nach der Lampe und rief: „Nix, la lampe!" Meiner Mutter blieb vor Schreck fast das Herz stehen. Aber zu unser aller Staunen ließen die Eindringlinge die Lampe stehen und verschwanden.

Ein anderes Mal, es war bereits Mitternacht, hörte meine Mutter, wie sich jemand an dem Schloss der Haustüre zu schaffen machte und versuchte, mit Kolben und Bolzen die Tür gewaltsam aufzubrechen. Schnell öffnete sie. Wer hätte das wieder reparieren können? Vier französische Soldaten durchwühlten dann das Zimmer. Meine Geschwister stellten sich vor Angst schlafend, und ich schlief so fest, dass ich nichts merkte. Wir lagen alle in einem Zimmer, um Brennmaterial zu sparen. Wieder war Christa die Mutige. Leise stand sie auf und schob heimlich mit einem Besen unser Messer und Beil weit unter den Küchenschrank bis an die hintere Wand, aus Sorge, dass wir mit den Küchengeräten bedroht würden. Mutti riss das Fenster auf und schrie um Hilfe, aber es kam niemand. Sie dachte, die Männer wollten uns alle umbringen. Es waren nur Diebe. Die Franzosen rannten durch das Haus, Mutti mit, was sie wohl irritierte. Dann unterhielt sich Mutti plötzlich mit einem Elsässer auf deutsch. Er wollte wissen, wo sie ihre Werte versteckt hielt. „Wir haben nichts", war ihre ehrliche Antwort. In der Nachbarschaft wohnten „leichte Mädchen". Sie meinten am nächsten Tag, meine Mutter hätte besser „Feuer" rufen sollen. Dann wäre sicher schon aus reiner Neugierde jemand gekommen. Sie wären auch über die Felder zur Kommandantur gelaufen, um Hilfe zu holen.

Meine Mutter war wehrlos. Der einzige „Mann im Haus" war mein vierzehnjähriger Bruder, der auch nichts gegen mehrere bewaffnete Fremde hätte ausrichten können. Deshalb ließ meine Mutter ein Ehepaar mittleren Alters kostenlos als Mitbewohner unter dem Dach einziehen, quasi als Schutz. Es hieß, sie kämen aus der Schweiz, wo sie viele Jahre gelebt und in einer Lederfabrik gearbeitet hatten und ausgebürgert worden waren. Diese Leute trugen ganz feine, neue, hellbraun polierte Schuhe, die wir Kinder voll Staunen bewunderten. So schöne Schuhe hatten wir noch nie gesehen.

Es gab mit den Besatzern aber auch positive Erlebnisse: waren meine Geschwister oder ich auf der Straße, so steckte uns ein französischer Soldat einmal ein paar Äpfel oder ein Päckchen Butter zu. Die Freude war groß, wenn einer von uns damit zu Hause ankam. Gemeinsam teilten wir alles, was wir ergattern konnten. Der ausgeprägte Familiensinn war von unschätzbarem Wert.

In der französischen Armee dienten Menschen vieler Völker: Nordafrikaner, Afrikaner, Asiaten und andere.

Die wunderliche Frau Pfeiffer kam weiterhin zu Besuch, jetzt wurde sie von ihrem neuen Freund, einem Vietnamesen, begleitet. Er brachte aus der Kasernenküche Kakao, Tee, Butter, Aufschnitt und Essbares in Dosen mit. Ich sollte auf seinem Schoß sitzen, was ich nicht wollte. Er erschien mir unheimlich. Stolz grinsend zeigte er die vielen Uhren, die er auf Raubzügen erbeutet hatte. Ich war schockiert. Eines Tages kam Frau Pfeiffer und wollte einen Spaziergang machen. Sie nahm mich Vierjährige einfach mit. Meine Mutter war gerade beschäftigt und hatte das nicht bemerkt. Wir gingen über die Brücke des Bodensees und liefen ziellos weiter. Auf dem Rückweg irrten wir ratlos umher. Plötzlich entdeckte ich in der Ferne die rettende Brücke wieder, und wir fanden den Weg zurück. Meine Mutter und Geschwister hatten inzwischen verzweifelt nach mir gesucht. Meine Mutter war außer sich. Nie mehr durfte Frau Pfeiffer zu uns kommen.

Dann bekamen wir ein junges Mädchen als Haushaltshilfe. Sie bändelte gleich mit einem Afrikaner an. Von Mutti befragt, meinte sie, gar kein Interesse an diesem Mann zu haben. Es wurde vereinbart, Mutti sollte ihm beim nächsten Besuch auf französisch erklären, das Mädchen sei nicht mehr da. Der Afrikaner kam und Mutti redete mit ihm. Da öffnete plötzlich das Mädchen das Fenster und lachte schallend. Es war für Mutti eine gefährliche Situation, aber er tat ihr nichts. Das Mädchen wurde wieder zu ihrer Familie geschickt. Mutti wollte die Verantwortung nicht übernehmen.

Nur langsam konnte der Haushalt aufgelöst werden. Unsere Mutter musste sich frei machen von ihren Kindern, weil sie sie auf Dauer nicht ernähren konnte. Brennesselsuppe, Löwenzahnsalat, Armer Ritter und Milch reichten nicht. Auch die Maschinen der Firma mussten zurück.

Als die ersten Lastwagen wieder Richtung Rheinland fuhren, organisierte sie zwei Fahrer, die jeweils meinen Bruder und meine Schwester Christa auf ihrem Weg ins Ruhrgebiet mitnahmen. Dort gab es durch Tauschhandel und „nächtliche Besuche" der Kartoffeläcker und Gemüsefelder mehr zu essen. Mein Vater wohnte inzwischen mit unserer Oberhausener Großmutter und Haushälterin in einer Werkswohnung. Gemeinsam führten sie ein strenges Regiment, weshalb sich meine beiden Geschwister bald nach Konstanz zurücksehnten. Von den Großeltern in Berlin gab es noch immer kein Lebenszeichen. Die Berliner Bevölkerung fürchtete sich vor den Russen, die die Stadt besetzt hatten. Omi wollte zu ihrer Tochter nach Konstanz, denn sie war sehr beunruhigt. So packte sie eine kleine Tasche mit rohen Kartoffeln, einem Messerchen und sehr wichtig: einem Bild von Stalin. Damit ging sie an die Zonengrenze und sprach einen russischen Lokführer an, zeigte ihm das Bild und bedeutete ihm, eine Freundin von Stalin zu sein. Sie wollte „rüber" in den Westen, um ihre Tochter zu besuchen. Er versteckte sie im Kohlenkasten. Als sie entdeckt wurde, rief sie „Rabotschij, rabotschij", was so viel heißt wie „Arbeiter" und durfte weiter mitfahren. Nach sechs Tagen kam sie im Westen an und schaffte es mit Lastern und anderen Gefährten nach Konstanz. Als sie in unsere Straße einbog, erkannte meine ältere Schwester sie schon von weitem und rief begeistert: „Omi kommt!" Meine Mutter rührte sich nicht, weil sie das für einen Witz hielt. Sie glaubte es erst, als sie auch die Stimme ihrer Mutter hörte. Die Wiedersehensfreude war groß. Bis zum Spätsommer 1946 mussten wir warten, um dann mit einem Gütertransport nach Oberhausen zu fahren. Unseren Waggon teilten sich meine Mutter, Omi, meine ältere Schwester, Schaf Emma und ich mit einigen Maschinen der Firma. Das Schaf musste wegen der Milch auf jeden Fall mit, was eigentlich verboten war. Der Personenzugverkehr ließ noch lange auf sich warten. Oft wurden wir rumrangiert, manchmal warteten wir Tage irgendwo auf einem Abstellgleis, bis unser Waggon wieder an einen anderen Zug gehängt wurde. Nachts knabberte Emma munter und frech an meinen Haaren und tags, wenn wir wieder irgendwo länger hielten, war meine Mutter wie auch die Leute aus den anderen Waggons unterwegs, um etwas Essbares für uns aufzutreiben. Hygiene spielte keine Rolle. Es gab Wichtigeres.

Die Dauer der Reise kam mir wie eine Ewigkeit vor. Ein Erlebnis blieb mir im Gedächtnis besonders haften. Wir warteten einmal wieder im Zug zur Weiterfahrt, diesmal in der Nähe von Heidelberg in der amerikanischen Besatzungszone. In circa 50 m Entfernung standen die Soldaten zu zehn Mann in einer Reihe alle mit einem Gewehr in der Hand. Neugierig schaute ich aus dem Fenster zu ihnen herüber. Sie sahen in ihren Uniformen anders aus als die mir bekannten französische Soldaten. Plötzlich hob ein Farbiger sein Gewehr und zielte auf mich. Ich bekam einen riesigen Schreck. Er aber lachte schallend, für ihn war es nur Spaß gewesen. In dem Moment rollte der Zug langsam an, die Reise ging weiter.

Schließlich zu Hause angekommen, fand ich meinen Vater in seinem Büro gerade vertieft mit einem Angestellten. Ich erkannte ihn sofort, obwohl ich ihn wissentlich erst zweimal gesehen hatte, und überreichte ihm einen Strauß Margeriten, den ich an den Bahngleisen gepflückt hatte. Das war eine große Wiedersehensfreude!

Auch in der Trümmerwüste des Ruhrgebiets gingen die schwierigen Hunger- und Kältejahre weiter. Der folgende Winter 1946/47 galt als der eisigste des 20. Jahrhunderts.

Meine Mutter und meine drei Geschwister waren über Jahre unterernährt. Noch vier Jahre später sah meine Mutter auf einem Foto sehr elend aus. Danach ging es für alle bergauf.

Die ganze Zeit war sehr abenteuerlich. Aber jedes Kind empfand das alles als normal, weil wir Normalität gar nicht kannten. Wenn die Erwachsenen von Frieden sprachen, dachten wir an Bananen und Apfelsinen, die wir auf Abbildungen gesehen hatten. Wie sie schmeckten, wussten wir nicht. Geld brauchte man kaum, es gab nichts zu kaufen.

Ungefragt zu Ort und Zeit wird man geboren.

Welche Herausforderungen mussten unsere Eltern meistern, die zwei

Weltkriege erlebt hatten.

Welches Glück hatte ich gehabt trotz meiner Geburt im Krieg.

Seit 72 Jahren ist Frieden!

Gedanken daran führen zu Demut und Zufriedenheit!

Lutz Hänel, geboren 1941 in Berlin

Als aus Bomben Rosinen wurden

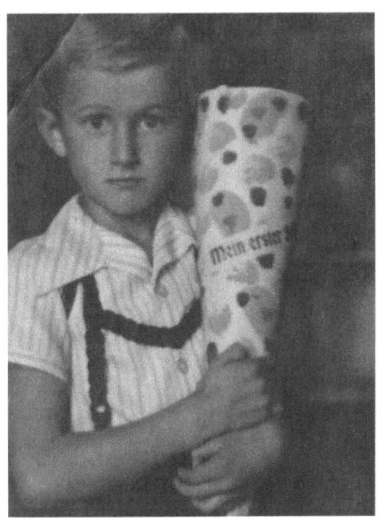

Die Bitte nach Kriegs- oder Nachkriegsgeschichten hat eine Welle von Erinnerungen in mir ausgelöst. Überfallartig kamen mir mit einmal Erlebnisse in den Sinn, an die ich nicht mehr gedacht habe, die aber offensichtlich in meinem Gedächtnis noch recht präsent sind.

Zwar hat der Krieg neben den materiellen Verlusten über viele Menschen Not, Elend, Leid und Tod gebracht, aber so schrecklich, wie das Ganze war, für uns Kinder war die Nachkriegszeit, zumindest in der Umgebung, wo ich aufgewachsen bin, eine herrliche Zeit mit aufregenden Abenteuern und grenzenlosen Spielmöglichkeiten. Im Prinzip war jedes zerstörte Gebäude ein idealer Abenteuerspielplatz auf dem man ggf. sonst was finden konnte. Von verkohlten Schränken, zurückgelassenem Hausrat, Munition bis hin zu unter Wasser stehende Kellern, die es zu erkunden galt. Ich erinnere mich, dass wir in einer ehemaligen Bäckerei, deren Backstube unter Wasser stand, mit einem selbst gezimmerten Floss über das Wasser fuhren und im Backofen spielten. Hätte jemand die Ofenklappe zugeschlagen, wir wären nicht mehr herausgekommen. Im Grunde genommen war es so, dass keiner auf den Gedanken kam, dass man sich dabei selbst in Gefahr brachte. Dieses wurde uns zwar von den Eltern immer wieder mahnend eingebläut, aber kaum auf der

Straße, war es schon vergessen.

Ich bin Jahrgang 1941. Aufgewachsen in Berlin-Charlottenburg in un-mittelbarer Nachbarschaft zum damals zerstörten Charlottenburger Schloss. Dieser Ort und natürlich die Ruinen waren für uns Kinder ein ideales Spielgelände. Wir verfügten, auch 1-2 Jahre nach Kriegsende, über alle möglichen Waffen, die wir in den Ruinen fanden. Angefan-gen von Gewehren, mit denen wir glücklicherweise nichts anfangen konnten und sie deshalb nur zum Angeben behielten: Patronenmu-nition, der wir leichtsinnigerweise den Treibsatz/Zünder ausbauten, um die so gewonnene Sprengladung zur Explosion zu bringen, bis hin zu Handgranaten und Sprengstoff, der uns allerdings nicht inter-essierte, da die Zünder fehlten.

Bevorzugtes Spielgelände waren natürlich die Ruinen. Häufig, wenn nicht komplett zerstört, standen die Außenfassaden eines Hauses, das Treppenhaus und in abgebrochener Form die Brandmauer. Die Geschossdecken waren durch die Bomben in der Regel total zerstört, lediglich die T-Träger zwischen Außenfassade und Treppenhaus exis-tierten noch.

Wir Kinder bildeten natürlich kleine „Gangs", die mit den Kindern der Nachbarstraße sich permanent stritten. Nicht durch Prügeleien, sondern durch Mutproben. Jede „Gang" hatte ihr Hauptquartier, das sich bevorzugt auf dem höchsten Balkon, meistens in der 4. Etage, befand. Um dort hinzukommen, musste man das Treppenhaus hoch, um dann in ca. 10 m Höhe über einen T-Träger zum Balkon zu ba-lancieren. Rutschen war verpönt und wurde als Feigheit gewertet. Je gefährlicher der Weg, den man freihändig überwand, um so ange-sehener war man. Wer sich nicht traute, wurde von uns mit der ge-ballten Kraft der Hackordnung gnadenlos niedergemacht. Trotzdem kann ich mich an keinen Unfall erinnern.

Oder Brandmauern erklimmen:

Bei total zerstörten Häusern standen recht häufig noch Teile der Brandmauer zum Nachbarhaus. Diese zu erklimmen und sich bis zur Spitze vorzuarbeiten war eine echte Mutprobe. Voraussetzung war absolute Schwindelfreiheit, unbedingte Sicherheit im Balancieren, Unerschrockenheit und natürlich ein gerütteltes Maß an Leichtsinn. Nur die Besten unter uns trauten sich dies zu. Wenn man so will, gehörte auch ich dazu. In der Rückbetrachtung kommt es mir wie ein Wunder vor, dass mir dort nichts passierte. Wir sprechen nicht von 1-2 Meter Höhe, sondern auch hier von Giebelhöhe!

Gut in diesen Abschnitt passt auch folgende Episode:

Dort, wo das Haus meiner Eltern stand, die nicht ausgebombt waren, befand sich eine Kirche, die zerstört war, aber wo der Heizungskamin noch unversehrt stand. Höhe bestimmt mehr als 20 Meter. Eines Tages kam bei uns Kindern der Gedanke auf, wie es denn wäre, wenn wir diesen Kamin besteigen würden. Da sich am Kamin noch Mauerreste vom ehemaligen Kirchendach befanden, schaffte es jedes Kind, nach oben zu kommen. Irgendetwas muss mich deshalb geritten haben, vielleicht wollte ich mich besonders hervortun oder noch einen draufsetzen. Auf alle Fälle bestieg auch ich den Kamin und oben angekommen, begann ich unter dem Gejohle meiner Mitkameraden denselben im Inneren herunterzurutschen. Unten angekommen, passte ich aber nicht durch das Rußloch, so dass ein Erwachsener, der glücklicherweise dazukam, die Feuerwehr holen musste, um mich zu befreien. Dass ich mich in Lebensgefahr begeben hatte, kam mir gar nicht in den Sinn. Total verrußt lief ich dann nach Hause und bekam natürlich von meiner Mutter eine gehörige Tracht Prügel, weil ich so dreckig war.

Oder „Lorespringen":

Ein für uns äußerst begehrtes Spiel. Nach dem Krieg musste ja erst der Schutt weggeräumt werden. Dafür wurden auf den Straßen und

Parks behelfsweise Schienen verlegt, auf denen dann Loren mit Bauschutt transportiert wurden. Am Sonntag ruhten die Arbeiten und die leeren Loren standen an den Sammelplätzen. Einer davon war der Schlossgarten mit einem von der Spreebrücke abfallenden Schienenstrang. Die Abwesenheit der Erwachsenen nutzten wir, um die Lore - manchmal waren es auch zwei - diesen Abhang hinunterrollen zu lassen. Wir Kinder hockten entweder in der Lore oder standen auf dem Vordergestänge. Die Mutprobe war, so spät wie eben nur möglich, von der rollenden Lore herunterzuspringen, nach vorne zu laufen, um dann im letzten Moment die Weiche zu stellen, damit die Lore in eine andere Richtung fuhr. Je später dies geschah, um so größer war das Ansehen. Natürlich passierte es auch, dass die Weiche noch nicht geschlossen war, sodass die Lore entgleiste. Trotzdem kann ich mich auch hier nicht an größere Unfälle erinnern. Natürlich traten bei der Entgleisung und dem Umkippen leichte Verletzungen auf, aber die waren wir als Kinder durch unser tägliches Spielen in den Ruinen so oder so gewohnt. Da lief keiner weinend nach Hause; denn alle wussten, dass es zunächst wegen des Verdachtes eines verbotenen Aufenthaltsortes eine Tracht Prügel geben würde, und das war schmerzhafter, als die kleinen Hautabschürfungen.

Nun zu meiner Überschrift:

Im Zuge der Berlin-Blockade von Juni 1948 bis Mai 1949 und der Versorgung von Berlin durch die Luft, sprach es sich schnell unter uns Kindern herum, dass die Piloten der „Rosinenbomber", so wurden sie genannt, weil sie Lebensmittel für die Bevölkerung transportierten, beim Anflug auf Tempelhof (immerhin Tag und Nacht in halbstündigen Rhythmus) in mehr oder weniger Kopfhöhe häufig kleine Taschenfallschirme mit Schokolade und/oder Kaugummis aus dem cockpit warfen. Natürlich versuchten wir Kinder, aber auch mancher Erwachsene, diese Köstlichkeiten zu ergattern. Manchmal gab es richtig bösen Streit darüber, wer denn der erste Finder war. Am besten war es, wenn man die Fallschirme noch schwebend ergatterte. Im Prinzip ähnlich, wie mit den Bonbonnieren oder „Strüßje fangen" beim Rosenmontagszug. Natürlich waren wir Kinder in den meisten Fällen die Flinkesten und ergatterten recht häufig derartige Raritäten, die wir meistens vor Ort sofort konsumierten. Nach Hause bringen ging nicht, denn dann wurde klar, wo man gewesen war. In der Regel war es uns Kindern verboten, nach Tempelhof zu gehen, da zu weit entfernt. Aber, wie es nun einmal mit derartigen unsinnigen Verboten geschieht, die Versuchung war größer als die Angst vor Strafe. Ich hatte das Glück, dass meine Großmutter und meine Mutter einen Tabakwarenladen betrieben, der auch nicht ausgebombt war. Dadurch hatte ich viel unbeaufsichtigte Freizeit, die ich redlich mit einer Wanderung von ca. 8 km bis nach Tempelhof nutzte und dadurch sehr häufig auch Schokolade hatte, die ich unter meinem Bett versteckte und je nach Appetit verzehrte. Natürlich wunderten sich meine Oma und Mutter über den mangelnden Hunger ihres Sohnes und erklärten mich für krank. Das führte wiederum zu dem Vorteil, dass ich gerührtes Eigelb mit Zucker zu trinken bekam (mein Großvater hatte einen Bauernhof). Leider flog die Sache nach einigen Wochen durch meine kleine Schwester auf, die mein Versteck fand, die Schokolade aß und von meiner Mutter dabei erwischt wurde. An diese Geschichte wurde ich vor einigen Jahren durch ein Bild in einer überregionalen Zeitung erinnert, dass winkende Kinder beim Anflug der Rosinenbomber zeigte. Mein Erstaunen war riesig, als ich anhand der Kleidung meinte, mich unter den Kindern erkannt zu haben. Dabei fiel mir ein, dass damals ein Fotograf uns aufforderte, doch als Gruppe dem Flieger zuzuwinken, was wir auch mit Begeisterung taten. Ob es sich tatsächlich um dieses Bild handelt oder meine Erinnerung mir nur einen Streich spielt, vermag ich nicht zu beantworten. Natürlich habe ich auch versucht, im Internet das Bild aus der Zeitung wieder-zufinden, leider ohne Erfolg. Zwar sind viele ähnliche Bilder da. Das eine oder andere könnte durchaus zu meiner Geschichte passen, aber die notwendige Überzeugung, dass es gerade dieses Bild ist, fehlt mir leider. Was jedoch bleibt, ist die Erinnerung an eine herrliche Zeit.

Ich könnte so weitererzählen, denn meine Kindheit bis zum Umzug nach Köln Ende 49 war geprägt von Erlebnissen unterschiedlichster Art. Ich kann sagen, es war eine unbeschwerte Zeit, an die ich mich gerne erinnere und die mich auch nachhaltig prägte. Vieles konnte ich meinen Töchtern vermitteln. Angefangen von auf Bäume klettern bis hin zum Ausnehmen von Vogel- oder Entennestern oder Fangen von Wasserhühnern. Wenn ich mir heute als Vater und Großvater vorstelle, welchen Gefahren wir als Kinder ausgesetzt waren und in welchem beschützten Umfeld unsere Kinder aufwuchsen und unsere Enkelkinder aufwachsen, dann grenzt es schon an ein Wunder, dass wir unbeschadet diese Zeit überstanden haben.

Meine Angst vor dem Sprechen

Nach den Erzählungen meiner Eltern wurde 1944 Berlin mal wieder von den Alliierten bombardiert. Meine Großmutter und Mutter hat-ten jedoch nicht den Luftalarm mitbekommen und blieben deshalb zunächst im Haus. Zwischen den Angriffswellen der anfliegenden Flugzeuge herrschte immer eine gespenstische Stille und die, die es noch nicht geschafft hatten, den Luftschutzbunker aufzusuchen, nutzten die Pause, um sich in Sicherheit zu bringen. So auch meine Familie. Um in den zum Haus gehörigen Bunker zu gelangen, musste jedoch der Innenhof überquert werden. Ich saß auf dem Arm meiner Großmutter und sah unvermittelt einen tiefroten Himmel mit Blitzen, Scheinwerfern, Rauchwolken und hörte neben Explosionsgeräuschen auch die röhrenden Geräusche eines Feuersturms. Ich fing, obwohl das Ganze sicherlich nur eine relativ kurze Zeit auf mich einwirkte, sofort an heftig zu schreien und konnte mich so gut wie gar nicht beruhigen. Auch als wir schon im rettenden Bunker waren, schrie ich aus Leibeskräften weiter und konnte erst nach mehreren Stunden beruhigt werden. Offensichtlich erlitt ich eine posttraumatische Störung hervorgerufen durch Furcht und Ängstlichkeit. Denn danach fing ich an zu stottern. Meine Familie versuchte alles, um mir die Angst vor dem Sprechen zu nehmen, es half nichts. Natürlich trugen meine Spielkameraden durch permanentes Hänseln mit dazu bei, dass mein Stottern nicht vorbeiging. Erst nach der Einschulung wurde mein Sprechen im Laufe eines halben Jahres wieder normal. Wesentlich dazu beigetragen hat eine äußerst verständnisvolle Lehrerin, die mich, wenn ich etwas beantworten sollte, mich nach vorne rief und mich mit dem Rücken zur Klasse antworten ließ. Außerdem stellte sie, wenn sie es mitbekam, jeden Jungen günstigstenfalls zur Rede oder haute ihm ansatzlos eine runter, der es wagte, mich in dieser Übergangszeit noch nachzuäffen.

Das „Zweite Gesicht"

Meine Mutter erzählte mir folgende Geschichte: „Als Dein Vater in Belgien war und ich ihn im Herbst besuchen konnte, wollten wir nach einigen Tagen wieder nach Berlin zurückfahren. Du warst damals knapp drei Jahre alt. Dein Vater war mit seinem gesamten Stab am Bahnhof. Ich verabschiedete mich, Du wolltest Deinem Vater nicht „Adieu" sagen und spieltest auf der Straße weiter. Vater ging zu Dir, nahm Dich in den Arm und gab Dir einen Kuss. Danach setzte er Dich auf den Boden und ging wieder zurück. Alle Umstehenden hatten natürlich diese Szene beobachtet. Du wolltest gerade weiterspielen.

Plötzlich fingst Du aus vollem Halse an zu schreien, ranntest so schnell Du konntest von der Straße und warfst Dich mit all Deinen sauberen Sachen in den nassen Straßengraben. Dabei schriest Du ständig nach mir und Vater. Einige Soldaten liefen Dir hinterher, um Dich aufzuheben – Vater und ich auch, letztendlich auch der ganze Stab. Kaum waren sie im Straßengraben, erschienen drei feindliche Flugzeuge und beschossen mit ihren Maschinengewehren den Platz und den Bahnhof, auf dem wir eben noch gestanden hatten. Hättest Du Dich nicht so verhalten, wir wären alle getötet worden. Aus Dankbarkeit haben Dir dann alle Kameraden Deines Vaters Süßigkeiten zugesteckt. Siehst Du, Sohn, beendete sie die Geschichte: es kann Zufall gewesen sein, oder aber auch das „Zweite Gesicht".

Maria Hänel, geboren 1944 in Breslau

Die Russen kommen

Meine Eltern lebten zur Kriegszeit in Breslau. Als Ende Januar 1945 die Evakuierung der nicht wehrtauglichen Bevölkerung aus der zur Festung erklärten Stad Breslau eingeleitet wurde, konnte sich meine Mutter noch mit meinem Vater, der Soldat war, verständigen, dass man sich nach dem bereits sichtbar werdenden Ende des Krieges in Leipzig wiedertreffen würde. So kam es, dass wir, meine Mutter und wir 3 Kinder, in Leipzig das Kriegsende erlebten. Da die Amerikaner im Rahmen der nachträglichen Aufteilung von Berlin die von ihnen eroberten Teile von Sachsen, zu denen auch Leipzig gehörte, an die Russen abtreten mussten, stand meine Mutter auf einmal vor der Wahl, in die Westzonen umzusiedeln oder dazubleiben. Da sie jedoch Angst hatte, dann ihren Mann nicht wiederzufinden, blieben wir in Borna bei Leipzig. Nach der Kriegsgefangenschaft kam auch mein Vater und fand Arbeit als Vermessungsingenieur im dortigen Braunkohletagebau. Wir wohnten in einer Behelfssiedlung. Ich spielte mit meinen zwei älteren Brüdern und anderen Kindern recht häufig in einem bunkerähnlichen Bau, dessen Betreten an und für sich für uns Kinder verboten war. Aber das Bauwerk war ja für viele zu interessant und abenteuerlich, als dass wir uns an dieses Verbot hielten. Da die Russen sehr häufig dort auch patrouillierten, war die ganze Angelegenheit nicht gerade ungefährlich. Um nicht entdeckt zu werden, verhängten wir den Eingang mit einem Sack, und einer von uns musste Wache schieben. Näherte sich eine russische Patrouille, wurde Alarm gegeben, das Licht gelöscht und meine Brüder sagten mir, ich müsste jetzt ganz leise und still sein. Waren die Russen vorbei und weit genug entfernt, dann schlichen wir jedes Mal mucksmäuschenstill nach Hause, denn der Schreck war uns allen ganz gehörig in die Glieder gefahren. Natürlich wurde hierüber den Eltern nichts erzählt.

Unsere Ziege

Meine Mutter hatte in ihrer Verwandtschaft eine Nonne in den USA. Von ihr bekamen wir regelmäßig Care-Pakete zugesandt. Gegen die Sachen, die die Tante schickte, tauschte meine Mutter viele andere Sachen wiederum ein. So kamen wir eines Tages auch zu einer Ziege. Jeden Tag mussten wir 3 Kinder am Nachmittag diese Ziege hüten gehen. Natürlich durfte sie niemals unbeaufsichtigt bleiben, und es war uns deshalb strengstens verboten, uns von ihr zu entfernen. Dies war für uns hart, denn ich war vier und meine Brüder sechs und acht Jahre alt.

Da die Gefahr des Diebstahls aus dem Stall bestand, wurde unsere Ziege im Wohnzimmer gehalten. Ich hatte Angst vor der Ziege und setzte mich deshalb immer auf den Tisch.

Als mein Vater aus der Kriegsgefangenschaft kam, wurde die Ziege geschlachtet, damit für meinen Vater genügend Fleisch da war. Wir Kinder konnten dies nicht verstehen und weinten um die Ziege. Sogar mein Vater war nicht begeistert, Ziege zu essen.

Peter Lützenkirchen, geboren 1940 in Kalisch

Heile Welt und Flucht 1940 - 1945

Am 15. April 1940 wurde ich als erster „Reichsdeutscher" – Geburtsregister Nr. 1 – in Kalisch/Warthegau in Polen geboren. Mein Vater, ein junger Müllermeister aus Schlesien, musste seinen Dienst im November 1939 in der „Landwirtschaftlichen Kreisgenossenschaft Kalisch" antreten. Von dort wurden u.a. auch die Soldaten an der Ostfront mit Mehl aus einer großen Mühle versorgt.

Hier verlebte ich mit meinen Eltern und meiner kleinen Schwester in einem großen Haus mit Garten neben der Mühle eine harmonische Zeit.

Aber unser glückliches Familienleben hatte bald ein Ende. Mit der sich nähernden Ostfront mussten wir im Januar1945 Kalisch verlassen. Mein Vater wurde am 14.2.1945 zum Militärdienst nach Dresden einberufen, und meine Mutter musste mit uns Kindern, nur mit einem Rucksack bepackt, gen Westen bei einem Meter hohen Schnee fliehen. Ein aus Osten kommender Lazarettzug nahm uns mit. Wir fanden im Küchenwagen mit Kanonenofen, auf dem ein großer Suppentopf stand, Platz. Während wir mit dem Zug gen Westen fuhren, mussten alle, die es konnten, einmal ganz plötzlich aussteigen und sich unter den Zug legen. Wir hörten dann in der Ferne Schüsse. Als

die Strecke wieder freigegeben war, krochen wir heraus, und die Fahrt wurde fortgesetzt.

Irgendwie landeten wir auf einem kleinen Bauernhof in Lichtenfels-Schönsreuth/Bayern und fanden dort eine Bleibe. Wir bewohnten zwei kleine Zimmer im Obergeschoss. Als Flüchtlinge waren wir wohl nicht besonders beliebt. Meine Mutter kochte unser Essen in der einzigen Küche des Hauses, was öfter zu Spannungen mit der Bäuerin führte. Einmal warf die alte Bäuerin Kartoffelschalen auf den Misthaufen vor dem Haus. Meine Mutter sammelte sie heimlich auf und kochte daraus eine Kartoffelsuppe.

Ich habe noch eine prägende Erinnerung an diese Zeit, so z.B. dass ich den ersten Schluck Bier meines Lebens trank. Und der schmeckte! Der alte Bauer hatte mich auf seinem Ochsenkarren mit aufs Feld genommen, wo es unter einem Erdhügel einen Eiskeller gab. Durch eine Holztür gelangten wir ins Innere. Da gab es neben Obst, Gemüse, Kartoffeln auch ein Fass mit bayrischem Bier. Der Bauer gab mir einen Becher bayrisches Bier und ließ mich probieren. Ich habe den schönen Geschmack bis heute nicht vergessen.

Dann eine weitere Erinnerung: Jemand klopfte an die Haustür. Dabei muss ich erwähnen, dass sich direkt gegenüber der Haustüre der Misthaufen befand. Also es klopfte, meine Mutter öffnete, lautes Jubelgeschrei, und meine Eltern landeten eng umschlungen auf diesem Misthaufen.

Mein Vater, dessen Einheit sich in der Tschechei aufgelöst hatte, bekam dort in einer kleinen Mühle Arbeit. Kurze Zeit später floh er. Er fand uns nach sehr langen und komplizierten Nachtmärschen wieder. Unsere Adresse hatte er von der katholischen Kirche erhalten. Meine Eltern hatten vor der Flucht vereinbart, den jeweiligen Aufenthaltsort über die Kirche an meinen Onkel, der Pfarrer und ebenfalls aus Schlesien geflohen war, weiterzuleiten.

Geld hatten wir kaum, ein Lebensmittelladen gab es im Ort nicht. Aber irgendwie hielt uns meine Mutter am Leben. Im Herbst gingen wir z.B. zur Nachlese auf abgeerntete Felder, sammelten Fallobst, Kartoffeln, Getreide und Nüsse. Und während wir auf den Feldern suchten, flogen mehrmals Düsenjäger im Tiefflug über uns hinweg. Ich hatte dabei große Angst, dass wir beschossen würden.

Von Bayern ging es dann Ende 1945 ins Rheinland nach Bad Godesberg und Leverkusen, wo wir Verwandte und die Großeltern wieder trafen.

Sigrid Lützenkirchen, geboren 1942 in Leverkusen

Mein Leben auf dem Lande 1943 - 1945

Es war im Juni 1943, als meine Mutter und ich unser Haus auf der Adolf-Bayer-Str. in Leverkusen-Wiesdorf verließen, um in einem kleinen Ort in Schwaben, in Kleingartach, eine sicherere Bleibe zu finden. Mein Vater, der zu dieser Zeit an der Ostfront bei Orel im Kriegseinsatz war, hatte meiner Mutter dringend aufgrund der drohenden Bombenangriffe auf Köln und Leverkusen dazu geraten.

Wir fanden Unterschlupf bei Verwandten meiner Oma, zu denen meine Eltern immer Kontakt gepflegt hatten. Wir wurden dort sehr herzlich aufgenommen. Ein kleines Zimmer wurde für uns eingerichtet. Es gab keine Heizung im Haus, wie wir es gewohnt waren, kein Bad mit fliessendem Wasser, die Toilette war draußen, und wir Kinder hockten uns zum „Geschäftle machen" auf den Balken, der über den Misthaufen führte. Die Kühe wohnten in ihren Ställen unten im Haus. Die Hühner kratzten und suchten nach Futter auf dem Misthaufen vor der Tür. Ein Schwein quiekte im angrenzenden Stall, das mit den Essensresten tüchtig gefüttert werden musste, um später mit ihm ein herrliches Schlachtfest zu feiern.

So ein Schlachtfest, das vielen etwas zu essen bescherte, war für mich furchtbar. Ich erinnere mich noch voller Ekel an das Quieken der Schweine und an das Blut, das seitlich des Weges im Rinnsal hinunterlief oder in dem Kessel erhitzt wurde, um daraus - vermengt mit kleinen Speckstücken - Blutwurst zu machen.

Es gab kein Auto, nur der reichste Bauer im Ort besaß einen Traktor, die anderen hatten ein Heuwägelchen aus Holz, mit denen die Bauersleute und Weinbauern mit ihren Heugabeln, Spaten und Harken auf die Felder zogen, die außerhalb des Dorfes lagen.

Meine Mutter und ich wurden gleich mit in das ländliche Leben einbezogen, jede Arbeitskraft wurde benötigt, da die meisten und kräftigsten der jungen Männer an der Front im Krieg waren.

In der Familie, bei der wir Unterschlupf fanden, gab es zwei Mädchen: Doris zweieinhalb Jahre und Else sieben Jahre alt. Es war nun so geregelt, dass meine Mutter auf uns – ich war anderthalb - aufpassen und das Mittagessen kochen sollte, das pünktlich um zwölf Uhr auf dem Tisch stehen musste. Das war wohl alles nicht so einfach, denn der Herd musste vorher noch befeuert werden. Zudem gab es da die verwirrte Großmutter, die andauernd fortlief und die man immerzu suchen musste.

Aber viel schlimmer waren die kleinen Streitigkeiten zwischen meiner Cousine Doris und mir. Wir vertrugen uns überhaupt nicht, keiner war unschuldig und jeder bekam seinen Teil ab, so dass wir oft mit verkratzten Gesichtern und blauen Flecken herumliefen. Doris erlaubte mir nicht – verständlicherweise für das Alter – ihre Spielsachen anzufassen, was mich natürlich unheimlich reizte, es doch zu tun.

Das Leben in dieser Freiheit mit den vielen Dorfkindern zusammen war für mich allerdings toll. Meine Mutter schrieb an meinen Vater nach Russland: „Täglich stellt unsere Tochter etwas an, ich muss dauernd hinter ihr her sein. Im Augenblick hat sie einen ganzen Sack Äpfel, der zum Abliefern in die Saftpresse bereitstand, auf die Straße geleert, dann hat sie Schuhe und Strümpfe und Hose ausgezogen und alles in der Hühnertränke gewaschen, dann hat sie den Heuwagen geholt, sich reingesetzt und den Berg hinuntergefahren, wie sie es bei den Jungen gesehen hat.

Sie zieht die Katze am Schwanz und jagt die Hühner wie wild durch die Gegend. Wenn man Doris fragt: „Was ist deine Sigrid"? dann sagt sie: „a Lumpenmensch".

Bald lernte ich auch schwäbisch sprechen und hängte an jedes Wort „le", wie Mamele, Äpfele, Hammele, Putzele (Katze), Muhle (Kuh)...

Ab und zu gingen meine Mutter und ich zu der 6 km entfernten Bahnstation, um die Post abzuholen. Wenn dann ein Brief aus Russland von meinem Vater kam, durfte er nicht geöffnet werden, ich legte ihn auf das Heuwägelchen und jeder, der uns begegnete, dem erzählte ich, dass das ein Brief von meinem Papa sei.

Und als die Flieger Nürnberg bombardierten und über uns hinweg flogen, bin ich aufgewacht und hab immer gerufen: „Tommy bumbum, Sigid bange".

So verging die Kriegszeit für mich in Kleingartach wie im Paradies. Und die Sehnsucht dorthin hat nie nachgelassen. Doris und ich sind die besten Freundinnen geworden und bis heute geblieben, denn nachdem meine Mutter und ich 1945 wieder zurück in die Heimat nach Schlebusch gezogen sind, bin ich in jeden Ferien nach Kleingartach gefahren und habe das Leben dort umgeben von Weinbergen und bei der Feldarbeit und Weinlese genossen.

Mein Vater fiel 1942 in Russland bei den Kämpfen um Orel. Und so hatte ich ja nun keinen Vater mehr. Aber auch das Problem löste ich auf meine Art: Der Vater meines Vetters – also der Bruder meines Vaters - war aus dem Krieg zurückgekehrt, allerdings hatte er ein Bein verloren und musste sich mit Krücken behelfen. Ich bestand ganz einfach darauf, dass das auch mein Papa sei. Mein gleichaltriger Vetter war sauer und meinte das stimme nicht, er sei sein Papa. Aber da bin ich gar nicht drauf eingegangen, ich wollte ja auch schließlich einen Papa haben.

Erwähnen muss ich bei den vorangegangenen Erinnerungen, dass meine Mutter mit meinem Vater in Russland in engem Briefwechsel stand. Sie hatte ihm von dem Leben in Kleingartach ausführlich berichtet und ihn immer auf dem Laufenden gehalten. Diese Briefe kamen im August 1943 alle wieder zurück, da mein Vater zu dieser Zeit schon schwer verwundet im Lazarett in Warschau lag. Meine Mutter hatte die Briefe aufbewahrt, sie allerdings nicht geöffnet, was ich dann vor einiger Zeit erst mit klopfendem Herzen gemacht habe. So bot sich mir die seltene Chance, über meine frühe Kindheit, an die ich mich so nicht mehr erinnern kann, viel zu erfahren.

Lore Lüdke, geboren 1944 in Preußisch-Krawarn

Als Baby auf der Flucht

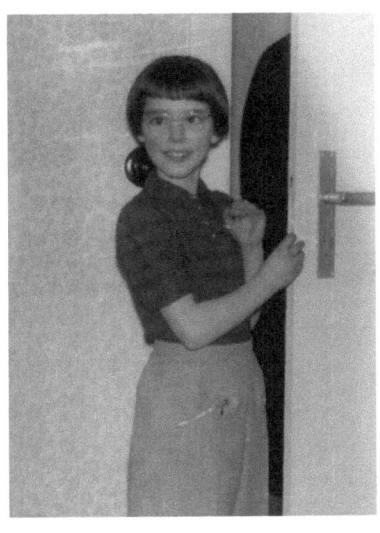

Diesen Bericht schreibe ich, Heimo Lüdke, für meine verstorbene Frau Lore, die das Ende des Zweiten Weltkriegs als Baby erlebt hat. Oft hat Lores Mutter Antonie Zettelmeyer uns von den dramatischen Ereignissen auf ihrer Flucht aus Polen erzählt.

Lores Vater, Hans Zettelmeyer, war als Verwaltungsjurist nach Starachowice bei Radom in Polen versetzt worden, um eine Kreisverwaltung aufzubauen. Als sich die Ostfront Ende 1943 immer weiter nach Westen vorschob, wich die Familie Zettelmeyer, ohne den Vater, nach Oberschlesien aus. Zu der Zeit waren es erst vier Kinder: Marlis (9 Jahre), Winfried (7 Jahre), Peter (3 Jahre) und Renate (1,5 Jahre). In der Nähe von Ratibor fand die Familie bei Freunden eine vorübergehende Bleibe. Dort in Preußisch-Krawarn, wie der Ort zur damaligen Zeit genannt wurde, wurde Lore am 18. August 1944 geboren. Aber bereits im Dezember 1944 spitzte sich die Lage im Osten immer mehr zu, und im Januar 1945 hieß es dann, dass die letzten Eisenbahnzüge Richtung Westen abfahren würden. Zu Tausenden strömten die Menschen zu den Bahnhöfen und in die Züge. Auch Mutter Zettelmeyer eilte, mit leichtem Gepäck in einer Tasche und einem Rucksack, auf dem Arm eine Decke, in die sie die fünf Monate alte Lore gehüllt hatte, bei eisiger Kälte zum Bahnhof. Marlis, die Älteste der Kinder, hatte ihre kleinen Geschwister an der Hand. Bei dem Gedränge wurde die kleine Renate vom Bahnsteig auf die Gleise unter den Zug gestoßen. Irgendjemand zerrte sie geistesgegenwärtig wieder herauf. Als die Mutter gerade im Wagen war, bemerkte sie, dass Peter fehlte. Also hastete sie mit den Kindern wieder hinaus, um Peter zu suchen.

Schließlich fanden sie ihn neben der Dampflokomotive, die er mit großem Interesse bestaunte. In diesem Moment fuhr der Zug ab und damit verging die Möglichkeit, in den Westen zu kommen. Es hieß, dass es der letzte Zug war und ob noch einmal ein Zug führe, war nicht bekannt. Ratlos stand die Familie in der Kälte auf dem Bahnsteig. Da fuhr nach längerer Zeit wie durch ein Wunder ein Zug im Bahnhof ein. Als er zum Stillstand gekommen war, riss eine Krankenschwester direkt vor den Wartenden die Wagentüre auf und rief: „Nur die Frau mit den Kindern - hier in den Wagen!" Es war ein Lazarettzug mit verwundeten Soldaten. Als die Familie sich glücklich in dem geheizten Zug befand, fuhr er auch schon wieder an. Ein Offizier, wohl ein Militärarzt, deutete auf einen Holzstoß und sagte zu Mutter Zettelmeyer, sie könnte mit in den Westen fahren, nur müsse sie sich um das Feuer im Kanonenofen des Abteils kümmern.

Im warmen Zug konnte Lore gefüttert werden und schlief anschließend für die nächsten 12 Stunden ein. Die Dauer und Tiefe ihres Schlafs waren wohl ungewöhnlich, denn in der Familie erzählt man sich, dass die Mutter und Marlis immer wieder besorgt an dem Bündel mit dem Baby horchten, um sicher zu gehen, dass Lore noch atmete.

Die Familie musste anschließend noch in einige andere Züge umsteigen, wobei der Muff mit sämtlichen Ausweisen und Dokumenten der Familie verloren ging.

Nach mehreren Tagen kamen sie endlich in Potsdam in ihrer leeren Wohnung an, in der sie vor der Versetzung von Hans Zettelmeyer nach Polen gewohnt hatten. In Potsdam erfuhr Lores Mutter auch, dass der Zug mit ihren Möbeln und Umzugsgut auf dem Weg aus Polen durch eine Bombe zerstört worden war, so dass die Wohnung zu der Zeit nicht wieder eingerichtet werden konnte.

Nach kurzem Aufenthalt in Potsdam ging die Flucht weiter nach Clausthal-Zellerfeld im Harz, wo die Familie wieder einmal bei Freunden Unterschlupf fand und bei diesen auf engstem Raume hauste. Dort erlebte die Familie das Kriegsende. Ein besonders prägendes Erlebnis für Mutter Zettelmeyer muss das Heranrollen der amerikanischen Panzer gewesen sein. Noch oft erzählte sie uns, dass sie wie viele andere Menschen auf der Straße die Amerikaner begrüßt hatte: in einem Arm Lore festhaltend, mit dem anderen ein weißes Handtuch schwenkend.

Dr. Heimo Lüdke, geboren 1939 in Kiel

Der glühende Eisenträger und das brennende Schiff

Eigentlich bezeichne ich mich als „Friedens-Kind", denn ich wurde am 20. Februar 1939 geboren, also bevor der Krieg im September offen ausbrach. Doch wenn man als Kriegskinder all diejenigen bezeichnet, die im Krieg geboren und/oder aufgewachsen sind, gehöre ich definitiv dazu. Für meine Familie drehte sich damals das Leben größtenteils um die Marine, denn wir wohnten in Kiel, wo mein Vater Hermann als Marineoffizier stationiert war. Kriegsschiffe, die im Kieler Hafen lagen und auf der Förde ein- und ausliefen, gehören zu meinen frühsten Kindheitserinnerungen.

Im Verlauf von 1941 kam der Krieg mit den Luftangriffen der Engländer direkt zu uns nach Kiel. An den Umgang meiner Mutter mit den Bombardements erinnere ich mich noch sehr deutlich. Die englischen Flugzeuggeschwader kamen zunächst nur nachts und warfen Spreng- und Brandbomben auf Kiel ab. Die militärisch bedeutenden Ziele konzentrierten sich am Hafen im Zentrum der Stadt, wo sich die Großwerften, Eisenbahnfabriken und militärische Zuliefererfabriken befanden. So wurde das zentrale Stadtgebiet großflächig ins Visier genommen, ein Bereich mit besonders hoher Bevölkerungsdichte, in dem sich auch unsere Wohnung befand.

Meine Familie bestand zu der Zeit aus meinem Vater, der unter der Woche auf einem Marineschiff Dienst tat, meiner Mutter, meinem Bruder Ingo (3 Jahre), meinem Bruder Gundolf (1 Jahr) und mir im Alter von 2 Jahren. Wenn nachts die Sirenen losgingen, brachen wir auf, um den Luftschutzkeller aufzusuchen.

Es war der Keller unter unserem Haus, der mit Stahltüren und entsprechenden Fensterläden ausgestattet worden war. Das Prozedere war immer gleich: Über die Schlafanzüge wurde schnell einen Bademantel gezogen. Dann schnappten wir uns unsere Rucksäcke, die mit dem Nötigsten stets gepackt waren. Wichtig war auch, dass vor dem zu Bett gehen, der Teddybär in den Rucksack geschnürt wurde. Natürlich musste er ganz oben sitzen und der Kopf musste herausgucken, sonst hätte er ja nichts sehen und auch keine Luft bekommen können! Später, als der Krieg noch heftiger wurde, kam zum Gepäck noch eine Kindergasmaske hinzu, die wir uns um den Hals hängen mussten. Meine Mutter verstand es mit ihrer pragmatischen und gleichzeitig liebevollen Art, bei uns Kindern nie Angst aufkommen zu lassen. Im Luftschutzkeller wurden wir auf roh zusammengezimmerten Etagenbetten gelegt, während die Erwachsenen im Halbdunkeln schweigend auf Bänken saßen und ausharrten. So hörten wir das Donnern und Dröhnen mal näher, mal ferner wie ein ständiges Gewitter und spürten die Erschütterungen des Bodens und das Vibrieren der Wände. Meist schliefen wir dabei ein und wachten am Morgen in unseren Betten in der Wohnung wieder auf.

Nach solchen Nächten liefen wir auf die Straße oder in den ausgedehnten Innenhof unseres Häuserblocks und suchten nach sogenannten Granatsplittern. Darunter verstanden wir die zerfetzten, weit verstreut umherliegenden Stahlteile der detonierten Bomben.

Bei einem Angriff im Winter, Anfang des Jahres 1942, war das Haus auf der uns gegenüberliegenden Straßenseite von einer Bombe getroffen und völlig zerstört worden. Dabei waren bei uns durch die Druckwelle sämtliche Fensterscheiben zersplittert, die Zimmertüren aus den Angeln gerissen und Möbel durch die Wohnung geschleudert worden. Ich erinnere mich heute noch sehr genau an den Anblick meiner Mutter, wie sie danach mit einem übergeworfenen Mantel in der Ecke eines Zimmers hockte, sich vor dem eisigen Winterwind, der durch die Wohnung pfiff, versuchte zu schützen, und in ein Telefon hineinrief. Sie hatte wohl eine Verbindung geschaltet bekommen zu meinem Vater, der auf dem Kreuzer „Köln" in den Fjorden von Narvik bis Hammerfest in Norwegen lag. Meine Mutter rief immer nur ins Telefon: „Jaa, wir leben noch! Wir leben!"

Anfang des Jahres 1944 hatten wir schließlich die Möglichkeit, aus Kiel evakuiert zu werden. Ohne meinen Vater mitzuzählen, waren wir 8 Personen, die sich auf den Umzug vorbereiteten. Neben meiner Mutter und uns drei Jungen, gehörten nun auch meine Brüder Dietmar und Sigurd dazu, die als Zwillinge im März 1943 geboren worden waren. Außerdem nahm meine Mutter die beiden Pflichtjahrmädchen Marianne (12 Jahre) und Irma (14 Jahre) mit. Unser Ziel war das Gut Wintershagen, das an der Lübecker Bucht zwischen Neustadt in Holstein und Sierksdorf liegt.

Am Tag des Umzugs stand der Möbelwagen schon beladen vor der Tür, als es Fliegeralarm gab. Die Engländer bombardierten nun auch tagsüber Kiel, denn augenscheinlich gab es keine funktionsfähige Flugzeugabwehr mehr. Wir mussten also wieder in den Luftschutzkeller, und als endlich die Entwarnung kam, brannte Kiel überall. Zur großen Erleichterung meiner Eltern war unser Möbelwagen unbeschädigt geblieben und schaffte es, das brennende Kiel nach dem Angriff zu verlassen. Welch großes Glück wir damit hatten, wussten wir daher, dass ein Kamerad meines Vaters seinen vollbeladenen Möbelwagen durch eine Brandbombe verloren hatte.

Unsere Familie musste nun zum Bahnhof gelangen, um mit dem Zug nach Neustadt zu fahren. Meine Mutter und die beiden Pflicht-jahrmädchen hatten die 10 Monate alten Zwillinge im Kinderwagen und uns andere Kleinkinder an der Hand und liefen durch die brennenden Straßen zusammen mit vielen anderen Menschen. Immer wieder mussten wir über Schutthaufen steigen oder wurden von Feuerwehrleuten oder Rettungskräften auf Umwege umgeleitet bis die Menschenmenge vor uns plötzlich stehen blieb und nach oben starrte. Über der Straße pendelte in Höhe des dritten Stockwerks im heißen Feuersturm des brennenden Hauses ein rotglühender Eisenträger. Noch hing er an einer dünnen Eisenstange, aber er drohte, jeden Moment herunterzustürzen. Immer wenn er bei seiner Pendel-bewegung zum Stillstand kam, um danach wieder zur anderen Seite auszuschwingen, rannten einige Menschen los, um unter ihm unbeschadet hindurch zu gelangen. Schließlich waren wir an der Reihe, meine Mutter nahm all ihren Mut zusammen und rannte mit dem Kinderwagen los.

Die beiden Mädchen fassten uns fest an den Händen und folgten ihr. Glücklicherweise schafften wir es, unter dem „Damoklesschwert" hindurchzukommen, und eilten im Straßenverlauf weiter. Rennend erreichten wir den Bahnhof, setzten uns in den Zug und verließen das Inferno von Kiel. Ich weiß nicht mehr, wie wir Neustadt erreichten, merkte nur im Halbschlaf, dass wir bei Dunkelheit in einen Pferde-wagen gelegt wurden. Erst am nächsten Morgen erwachten wir und befanden uns in einer fremden Wohnung. Meine Mutter sagte mir: „Jetzt sind wir in Sicherheit!", ein Satz, den ich damals schon sehr genau verstand.

Der Krieg ging aber weiter, und sein Ende sollten wir noch mit einem sehr makabren Ereignis erleben. Seit Januar 1945 lagen nämlich in der Lübecker Bucht, etwa drei km von der Küste entfernt, mehrere Schiffe auf Reede. Uns war nicht bekannt, warum sie dort lagen und wer oder was sich darauf befand. Von einem Hügel, der hinter dem Park des Guts Wintershagen anstieg, konnten wir die Ostsee von Pelzerhaken bis Timmendorf überblicken. Nahe bei Neustadt sah man das KdF-Schiff „Kap Arkona" und etwa vor Haffkrug lag die „Deutschland". Am letzten Kriegstag hörten wir in den Mittagsstunden plötzlich lautes Motorenbrummen und Kettenrasseln, und über der Ostsee kreisten Kampfflugzeuge. Wir Kinder liefen den Hügel auf einem schmalen Weg hinauf. Von dort aus sahen wir auf der Landstraße englische Panzer heranrollen und versteckten uns hinter den Bäumen. Als wir auf die Ostsee blickten, sahen wir, dass die zwei Schiffe lichterloh brannten und Flugzeuge fortwährend im Sturzflug auf sie zuflogen und sie beschossen. Immer wieder stiegen die Flugzeuge auf, drehten eine Schleife und setzten erneut zum Beschuss an. Wir sahen Menschen wie kleine Punkte von der Bordkante der Kap Arkona ins Wasser springen.

Obwohl die Entfernung zu uns mindestens vier km betrug, hörten wir zwischen den Detonationen der Geschosse und dem Flugzeuglärm das Schreien der Menschen auf dem Schiff. Langsam bekam der brennende Schiffsrumpf Schlagseite und sank. Das Meer war an dieser Stelle nur so tief, dass von dem auf Grund liegenden Schiff immer noch eine Rumpfseite über die Wasseroberfläche heraus ragte.

Tage später wurde bekannt, dass die beiden Schiffe mit KZ-Häftlingen aus dem Osten weit überbelegt gewesen waren und sich nur wenige von ihnen mit den Rettungsbooten hatten retten können. Dann erfuhren wir, dass die Engländer wohl der Meinung gewesen waren, dass sich auf diesen Schiffen militärische Einsatzkommandos befunden hätten. Nachdem sie ihren schrecklichen Irrtum erkannt hatten, wollten sie nun die Beamten der Stadtverwaltung und Gemeindeämter exekutieren, da sie ihnen absichtliche Täuschung vorwarfen. Der Verwaltungsapparat bestand zu der Zeit aus Männern, die für den Kriegsdienst zu alt waren. Deren Bestrafung wäre nichts als eine weitere Ungerechtigkeit zum Kriegsende gewesen. Glücklicherweise wurde dieses Vorhaben jedoch nicht ausgeführt.

Im Laufe des heißen Sommers und Herbstes 1945 wurden Tausende von Toten ans Ufer geschwemmt. Die Leichen wurden vom Strand direkt über die Uferstraße gebracht und dahinter in eiligst ausgehobenen Massengräbern auf den Wiesen beerdigt. Wegen der Seuchengefahr durfte die Bevölkerung den ganzen Sommer nicht an den Strand.

Elvi Brochhagen, geboren 1942 in Birth/Sieg

Unser neues Zuhause – eine Baubude

Meine Eltern und ich hatten in Junkersdorf bei Köln gewohnt und waren dort kurz vor Kriegsende ausgebombt worden. Von unseren Möbeln waren nur noch wenige Teile übriggeblieben, z.B. die Schlafzimmermöbel. Mein Vater, der vom Kriegsdienst freigestellt war, arbeitete damals bei der Firma SAG in Küppersteg und musste mit einem Bautrupp die Starkstromanlagen überwachen und bei Bedarf reparieren. Durch diese Tätigkeit hatte er den Landwirt Josef Zansen aus Kalmünten kennen gelernt, der mit seinem Treckergespann ebenfalls für die SAG arbeitete.

Eines Tages fragte mein Vater ihn: „Jupp, hast du kein Grundstück für mich?" Er hatte von seiner Firma eine ausgediente Baubude überlassen bekommen und suchte nun einen geeigneten Platz, um dieses Behelfsheim für seine Familie aufzubauen. Und Jupp hatte! Er bot meinem Vater einen Platz auf einer Obstwiese links neben seinem Gehöft an, und so kam es, dass ich mich eines Tages, ich war wohl so etwa drei Jahre alt, auf dem Treckeranhänger stehend vor dem Grundstück wiederfand und meinen Vater fragte: „Papa, ist das unser neues Häuschen?" (Ich erinnere mich noch daran, dass ich einen rot karierten Mantel mit weißen Perlmuttknöpfen trug).

Ja, das war unser neues „Häuschen". Es bestand aus Küche, kleinem Wohnzimmer und einem Schlafzimmer, in dem die geretteten Betten, ein Kleiderschrank und eine Kommode nebst Nachtkommödchen aufgebaut wurden. Zwischen Schlafzimmer und Küche gab es ein Plumpsklo.

Vor dem Häuschen hatten wir sogar noch eine kleine Veranda! Familie Zansen half uns netterweise mit einigen Möbeln, z.B. zwei grünlichen Polstersesseln, aus, und einen Herd hatten wir auch. Mein Bett war eine alte Munitionskiste, auf der ein Strohsack lag.

Im Nebenzimmer stand ein schwarzer Schreibtisch mit braunem Ledereinsatz auf der Platte, den mein Vater ebenfalls gerettet hatte. Wir richteten uns so gut es ging ein und waren froh, ein neues Zuhause zu haben.

Eines Tages bog ein großer amerikanischer Panzer um die Ecke neben dem Misthaufen von den Nachbarn, die uns gegenüber in einem kleinen Fachwerkgehöft lebten. Der Panzer schaffte mit Mühe die enge Kurve und sein Rohr zielte dabei genau auf unser Häuschen! Und dann blieb er auch noch genau davorstehen!

Zwei Soldaten entstiegen ihm und begehrten bei uns Einlass! Sie ließen sich in die grünen Sessel plumpsen und verlangten etwas zu essen. Meine Mutter suchte zusammen, was sie hatte. Ich glaube, sie holte sich auch noch Vorrat bei Zansens und bereitete den Soldaten eine Mahlzeit. Die ließen es sich trefflich schmecken.

Mir boten sie Süßigkeiten an, aber ich war angehalten, von Fremden nichts anzunehmen, verschränkte die Hände auf dem Rücken und piepste: „Nein, danke!"

Als die Mahlzeit beendet war, erhoben sich die Männer und einer fragte meine Mutter nach einer „Casserole". Meine Mutter, die zunächst nichts verstanden hatte, gab ihm schließlich einen kleinen Kochtopf, mit dem sie unsere Küche verließen. Und dann kam der eine mit dem Kochtopf zurück und überreichte ihn meiner Mutter, bis oben gefüllt mit Kaffeebohnen!

Meine Mutter war hocherfreut! Später meinte sie: „Wenn ich gewusst hätte, was der wollte, hätte ich ihm den größten Pott, den ich hatte, gegeben!"

Uns schräg gegenüber, hinter dem Gehöft von R., wohnte die Familie

H. Johann H. war offenbar handwerklich sehr geschickt und eines Tages bekam ich von ihm ein Paar Holzpantinen geschnitzt.

Da ich offenbar keine richtigen Schuhe besaß, freute ich mich sehr über die neuen „Blotschen". Und damit sie auch passten und warm-hielten, wurden sie mit Stroh ausgestopft. So klapperte ich mit den Holzschuhen umher und jedes Mal, wenn Johann H. mir begegnete, sagte er: „Du häss jo Hongshusjer aan de Fööss!" und dann lachte er. Aber ich war sehr stolz auf meine „Hongshüsjer" (Hundehütten).

Jürgen Reith, geboren 1940 in Mülheim an der Ruhr

Schuss: Diesmal ging's noch gut

Als der Schuss fiel, dessen entsetzlich lauter Knall mich vom Stuhl hochriss, war der Lauf des Karabiners nach unten gerichtet. So gab es ein Loch in der Betonplatte der Hofpflasterung und nicht im Körper eines meiner Brüder oder Nachbarskinder, die an anderen Tagen auch meine Spielkameraden waren.

Heute Nachmittag waren Dieter, Horst und Klaus ohne mich, der ich Schulaufgaben zu erledigen hatte, in den Wald auf dem Kahlenberg gegangen, unserem bevorzugten Abenteuerrevier. Hier hatten sie die verrostete Kriegswaffe gefunden und im Triumphzug nach Hause gebracht, wobei sie bemüht waren, den Blicken vorbeikommender Erwachsener zu entgehen.

Dort oben am Bismarckturm befanden sich die von den britischen Besatzern errichteten Nissenhütten, die, streng bewacht, als Lager für militärisches Gerät dienten. Im angrenzenden Waldgelände fanden wir hin und wieder mysteriöse, Phantasie anregende Objekte, deren Besitz uns erstrebenswert erschienen, sahen wir in ihnen doch Relikte des noch nicht so langen zurückliegenden Kriegs, dessen sichtbare Folgen uns allgegenwärtig noch umgaben.

Bei uns in der Troststraße Nr. 13 angekommen, begann man mit dem Fundstück Krieg zu spielen. Jeder der „Kindersoldaten" wollte mal auf einen seiner Kameraden zielen und ihn erschießen. Das erwies sich Gott sei Dank als unmöglich, da die normalerweise beweglichen Teile der Waffe fest gerostet waren. Mit einiger Mühe und unter Zuhilfenahme eines Ölkännchens sowie geeigneter Werkzeuge gelang es schließlich, den Rost zu besiegen. Jetzt stellte man das Gewehr mit der Mündung aufs Pflaster, um mit einem kräftigen Hammerschlag den Abzug zu bewegen. Das gelang gründlicher als erhofft: mit gewaltigem Knall löste sich ein Schuss. Die beteiligten Jungen ließen die Waffe entsetzt fallen und stoben in allen Richtungen auseinander, während ihre Eltern aufgeregt herbeieilten. Keiner der Jungens war auf die Idee gekommen, dass der Karabiner noch geladen sein konnte.

Was mit dem Corpus Delicti geschah, dessen Nichteignung als Spielgerät unwiderlegbar bewiesen worden war, entzieht sich meiner Erinnerung. Wahrscheinlich hat ihn einer der Erziehungsberechtigten klammheimlich beseitigt.

Das Loch im Hofpflaster betrachteten wir noch jahrelang mit heimlichem Schauder.

Martha Reith. geboren 1947 in Guasave, Mexiko

War Mexiko am Zweiten Weltkrieg beteiligt?

Ich kam 1947 zur Welt. Der zweite Weltkrieg war – zumindest für die meisten unmittelbar betroffenen Ländern – noch sehr präsent.

Meine Familie lebt seit Generationen in Guave im Staat Sinaloa mit der Hauptstadt Culiacan. Guasave war damals ein kleinerer Ort, der inzwischen auf ungefähr 300.000 Einwohner angewachsen ist. Meine Eltern haben an der Bevölkerungszunahme fleißig mitgewirkt, waren wir doch sechs Geschwister! Ich war die Erstgeborene.

Mexiko hatte Deutschland, Italien und Japan am 22.5.1942 den Krieg erklärt. Dabei dürfte der Einfluss der USA eine Rolle gespielt haben. Über mexikanische Kampfeinsätze kann ich nicht viel berichten. Besonders hervor tat sich ein Jagdgeschwader im Pazifikkrieg, das heute noch bewunderte Escuadron 201, die „Aguilas Aztecas" (Aztekische Adler).

In Mexiko selbst spürte man vom Krieg nicht viel. Die Aufrüstung hielt sich in Grenzen. Aber der Drill bei der Ausbildung der Soldaten nahm enorm zu, wie mein Vater zu klagen wusste, der 1944 seine Rekrutenzeit in Queretaro ableistete, wo 1867 Kaiser Maximilian hingerichtet worden war. Damals war bei meinem Vater und der Familie die Sorge groß, dass diese jungen Soldaten gegen die Deutschen in den Kampf geschickt würden. Dazu kam es Gott sei Dank nicht, was es meinem Vater wahrscheinlich erleichterte, seine Zustimmung zu meiner Ehe mit einem Deutschen zu geben.

Deutschland ist für seine Leistungen nach dem Krieg sehr zu bewundern. Ich lebe jetzt schon fast seit vierzig Jahren hier, und das Land und seine Menschen sind mir ans Herz gewachsen, was aber meiner Liebe zu Guasave, wo ich noch viele Verwandte und Freunde habe, keinen Abbruch tut.

Prof. Dr. Cedric Cullingford, geboren 1942 in Surbiton, Surrey, GB

The first experience of war

My Parents used to tell me that my first words were the sounds of bombing: The whine of the shell and explosion. When I recorded the words of my own daughters, they were the words for things that mattered to them, like „flower".

We lived in South London, on one of the flight paths of the bombers on their way to destroy the city. I remember the heavy old oak table that we used to shelter under in the dining room when there were warnings of a raid with the loud sirens screaming their message. On the most dangerous occasions we would go into a bomb shelter in our back garden.

The sounds of bombs falling and exploding became very familiar, but the most dangerous moment was when a burning damages bomber crashed and exploded having just missed the top of our house.

Later, the massed bombing raids were replaced by the V1; the „doodlebugs". They were quite a different matter. These pilotless jets had a distinct sound; a kind of „phut-phut". The dangerous moment was the silence when the engine ran out of fuel and the bomb would drop. The Spitfires tried to tip them over with their wings in any uninhabited space, but they remained a familiar if unnatural part of life dropping aimlessly and anywhere without a particular target. We always felt we had enough time to go to the shelter; sirens were no use.

To say that we became accustomed to all this bombing could give the wrong impression, but the real terror lay in the V2 rockets. No one could get used to the fact that there was no warning; only an explosion. It was only then that my family considered moving away. We went to the north for two months whilst my father went on working in Whitehall, going up by train and still reading German books ......
(he was very much interested in German literature)

What stayed as deep as the sounds were the effects of the bombs. The dead were taken away but the destruction of houses, the piles of stones and bricks and the mangled furniture remained.

Years later at university I went one night to the crowded students' room to watch a popular satirical programme „That was the week that was". One of the sketches was one of an orchestra. When the conductor appeared and after bowing, raised his baton the sounds that emerged were of machine guns and bombs, shooting and explosions. The others laughed. I burst into tears, to my own surprise.

It just wasn't done...

Meine ersten Erfahrungen mit dem Krieg

(Übersetzung)

Meine Eltern sagten mir immer, dass meine ersten Worte die Geräusche der Bombardierungen waren, das Rauschen der Flugzeugrümpfe und die Explosionen. Als ich die Situation meinen Töchtern beschrieb, waren es Worte wie „Blume", die sie als erstes wahrgenommen hatten.

Wir lebten in Süd-London, auf einem der Flugwege der Bomber auf ihrem Weg, die Stadt zu zerstören. Ich erinnere mich an den schweren alten Eichentisch, unter dem wir uns im Esszimmer aufhielten, wenn es Warnungen vor einem Angriff gab. Lautes Sirenenheulen begleiteten diese Nachricht. Bei gefährlichen Situationen mussten wir in einen Bombenschutzraum in unserem Garten gehen.

Die Geräusche von fallenden und explodierenden Bomben wurden uns sehr vertraut. Aber der gefährlichste Moment war, als ein beschädigter brennender Bomber abstürzte und nur knapp die Spitze unseres Hauses verfehlte.

Später wurden die massiven Bombenattacken durch die V1 ersetzt, die „doodlebugs". Sie waren eine ganz andere Sache. Diese führungslosen Jets hatten einen typischen Klang. Es hörte sich an wie „phut-phut". Der gefährliche Moment war die Stille, wenn der Motor keinen Treibstoff mehr hatte und die Bombe fallen würde. Die Spitfires versuchten, sie mit ihren Flügeln anzustoßen, um sie in unbewohntes Gebiet abzulenken. Aber sie blieben ein bekannter, wenn auch ein unnatürlicher Teil des Lebens, der ziellos und irgendwo ohne ein bestimmtes Ziel runterfiel. Wir hatten immer das Gefühl, wir hätten genug Zeit, um in einen Schutzraum zu gehen: Sirenen nützten nichts.

Zu sagen, dass wir uns an all die Bombenangriffe gewöhnt hätten, könnte den falschen Eindruck erwecken, aber der wahre Terror lag in den V2 Raketen. Niemand konnte sich daran gewöhnen, dass es keine Warnung gab: nur eine Explosion. Es war der Moment, dass meine Familie sich entschloss fortzuziehen. Wir zogen für zwei Monate in den Norden, während mein Vater weiter in Whitehall arbeitete, mit dem Zug uns besuchte und immer noch deutsche Bücher las! (er war ein Verehrer deutscher Literatur).

Was ebenso tief wie die Geräusche blieb, das waren die Auswirkungen der Bomben. Die Toten wurden weggebracht, aber die zerstörten Häuser, die Haufen von Steinen und Ziegeln und die zerstörten Möbel blieben.

Jahre später ging ich in einen überfüllten Hörsaal an der Universität, um mir ein beliebtes satirisches Programm „Das war die Woche, die war" anzuschauen. Ein Programmpunkt war ein Orchesterstück. Als der Dirigent erschien und nach der Verbeugung seinen Taktstock erhob erinnerten die Töne an Maschinengewehre und Bomben, an Schüsse und an Explosionen. Alle lachten, ich brach zu meiner Überraschung in Tränen aus. Es war noch nicht vorbei…

Dr. Georg Schlueter, geboren 1938 in Hamburg

Das Leben mit gepackten Koffern

Meine Erinnerungen gehen zurück bis 1941/42. Ich kann mich schwach an das Etagenbett meiner Großeltern in Hamburg/Harburg und ihre große Wohnung erinnern. Etwa dreijährig konnte ich mit einem Dreirad im Flur fröhlich herumfahren. Von dem Krieg habe ich da noch nichts gespürt.

Die ersten starken Erinnerungen (1943) sind allerdings mit dem Krieg verknüpft – leider. Wir wohnten in Hamburg-Eimsbüttel direkt neben dem Hochbunker. Die gepackten Koffer standen immer bereit, und nachts ging es dann oft in den Schutzbunker. In einer Nacht, als ich bereits für den Gang in den Bunker fertig war, aber noch auf meine beiden Schwestern warten musste, nahm mich unser Kindermädchen auf den Balkon und hat mich auf die Brüstung gesetzt, mit den Beinen ins Freie (in der dritten Etage!). Ich kann mich deutlich an die Dunkelheit der Nacht und an das dröhnende Brummen der Flugzeuge erinnern. Nichts Böses ahnend, hatte ich gar keine Angst, aber die Stimmung der dunklen Nacht und die angebliche Gefahr, die ich nicht sehen konnte, war irgendwie unheimlich.

Meine Familie verließ Hamburg im Frühjahr 1943, um den Luftangriffen zu entgehen. Wir verbrachten die letzten beiden Kriegsjahre auf dem Land, in Bierde an der Aller bei Walsrode. Dort waren wir von den Kriegsereignissen unberührt, und ich konnte mit meinen beiden Schwestern ungestört im Freien spielen und unsere Kindheit genießen. Hinter dem Landhaus war ein großer Teich mit einem Boot. Da gab es die ersten abenteuerlichen „Seemannserfahrungen". Ich erinnere mich, einmal aus dem Boot gefallen zu sein, aber meine ältere Schwester konnte mich „retten".

Das Kriegsende haben wir dann doch noch hautnah miterlebt. Als die Alliierten durchs Land kamen, gab es gefährliche Berührungen mit den „Erlösern". Ich habe als Sechsjähriger neben fremden Soldaten im Gebüsch gelegen und Schutz bei Fliegerangriffen gesucht, ohne die Angst vor dem Fremden neben mir. Irgendwie habe ich wohl seine Anwesenheit als Schutz empfunden. Geschosse haben unser Haus getroffen und die Außenwände durchdrungen, zum Glück wurde niemand verletzt.

Im Juli 1945, zwei Monate nach Kriegsende, fuhr meine Familie auf einem offenen Lastwagen inmitten ein paar Möbeln und etwas Brennholz für den Winter nach Hamburg zurück. Ich war inzwischen an ein Landleben gewöhnt, es war ja auch das einzige Leben, das ich kannte, und konnte mir eine Stadt ohne freien Spielplatz und ohne Pferde gar nicht vorstellen. Im übrigen stellte ich mir eine heile Stadt vor, so dass der schaurige Anblick der Wirklichkeit erschreckend war. Die Bilder der geisterhaften Häuserruinen, die ich als fast siebenjähriger Junge wahrgenommen habe, sind in all den 73 Jahren erhalten geblieben. Ganze Häuserfronten waren zusammengebrochen, einzelne Wände standen noch, und Badewannen hingen hoch in der 4. und 5. Etage nur noch an ihren Wasserleitungen. Der Anblick gab mir plötzlich eine furchtbare Erkenntnis, was Krieg eigentlich bedeutet.

Als neulich, 70 Jahre später, bei einer sommerlichen Gartenparty in Südkalifornien eine Gruppe historischer Propeller-Flugzeuge hoch über unseren Köpfen einen Erinnerungsflug praktizierten und mit dumpfen Dröhnen daher zogen, kam in mir die Erinnerung an die Kriegszeit zurück. Die Erinnerungen brausten mir durch den Kopf und die schaurigen Bilder wurden wieder lebendig.

Trotz so vieler kriegerischer Konflikte in der Welt, war uns in Zentral-Europa und in den USA siebzig Jahre lang ein friedliches, schönes und ereignisreiches Leben gegönnt. Ich möchte nur hoffen, dass die Welt ein politisches Gleichgewicht erzielen kann mit vielen friedlichen Jahren.

Das Foto von mir entstand etwa 1947. Der Hintergrund ist die Vorderseite des Hochbunkers direkt neben unserem Haus in Hamburg, Eichenstraße 42. Vor dem Bunker war ein kleiner freier Platz, wo wir Nachbarskinder gespielt haben, Fußball natürlich. Ein Fotograf kam einmal vorbei und hat diese Aufnahme gemacht. Ich kann mich genau an die Situation erinnern.

Dr. Joachim Lohmann, geboren 1939 in Hamburg

1945 – Der Kratzer an der Uhr

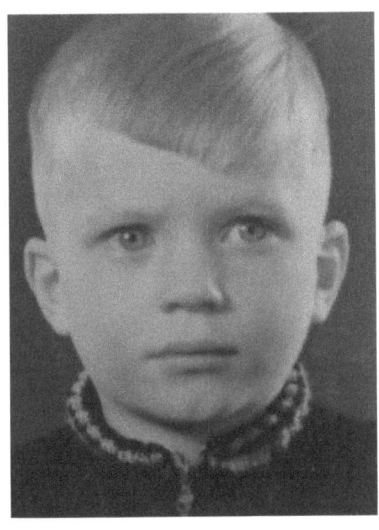

Anfang 1945: Die Kinder sind aus den bombengefährdeten Städten zu den Großeltern nach Dannenberg gebracht worden. Hier in der Provinz sollte es sicherer sein.

Mein Bruder Klaus Peter sowie meine Cousinen Maria, Brigitte, Ingrid und Heidi stehen am Fenster und starren fasziniert auf die Flugzeuge, die eben noch wie ein Schwarm Insekten am Horizont, jetzt aber schnell näher kommen, lauter werdend, dröhnend, sich ausbreitend: „Oma, Oma, guck' mal, Flugzeuge!" Die Großmutter kommt aus der Küche in das Kinderzimmer gestürzt, erfasst blitzschnell die Situation: „Weg vom Fenster! Raus hier!" Sie reißt und drängt die Kinder aus dem Zimmer in den Flur. Und da kracht es auch schon. Dannenberg wird bombardiert. Scheiben bersten, der starke Luftdruck der Explosionen ist zu spüren, ein Haus gegenüber bricht zusammen, Teile schwirren durch die Luft, ein Haus brennt. Die Faszination für Flugzeuge schlägt um in Angst. Es dauert eine Weile – die Flugzeuge sind schon lange weg – bis die Erwachsenen ebenso wie die Kinder sich wieder gefasst haben. Keiner der Familie ist verletzt worden. Die Fensterscheibe im Kinderzimmer, vor der eben noch alle gestanden haben, ist in tausend Stücke zersprungen. In ein oberes Zimmer sind Bombensplitter gefegt. Ein Splitter hat die gläserne Oberfläche unserer Tischuhr ange-

kratzt. Dokumentation einer Flugbahn wie die Spur eines Elementarteilchens in einer Nebelkammer.

Viele Jahre später wird dieser Luftangriff in der lokalen Zeitung wie folgt beschrieben:

„Der 22. Februar 1945 war ein klarer, sonniger Wintertag. Tag für Tag konnte man am Himmel Bomberverbände sehen, die auf ihrem Weg zu ihren Zielen weiter im Osten über die kleine Stadt an der Jeetzel flogen. Und jeden Tag kamen Flüchtlinge mit Pferd und Wagen in langen Trecks über die Dömitzer Brücke nach Dannenberg. Sie hatten ihre Heimat in Ostpreußen, Schlesien oder Pommern aus Angst vor der anrückenden Roten Armee verlassen. Mit einem Angriff auf ihre Stadt rechneten die Dannenberger nicht, denn bislang war ihr Städtchen vom Krieg völlig verschont geblieben. An diesem 22. Februar kam es anders. Etwa 25 schwere US-amerikanische Bomber vom Typ B17 „Flying Fortress" flogen gezielt auf die Stadt zu und warfen mehr als 90 Bomben über der Stadt ab. Am verheerendsten traf es die Anwohner des Marktplatzes. Vier der dortigen Wohn- und Geschäftshäuser wurden von insgesamt zwölf Volltreffern auseinandergerissen. Das Bombardement dauerte nur wenige Minuten, doch die reichten aus, um große Teile des Städtchens in ein Trümmerfeld zu verwandeln. 87 Menschen ließen in dem Inferno ihr Leben. Der Krieg dauerte für die Dannenberger noch weitere zwei Monate. Mehrere Male noch war die Stadt in dieser Zeit Ziel von Tieffliegerangriffen. Am 23. April schließlich marschierten US-Truppen in die Stadt ein. Der Krieg war zu Ende."

Das Foto ist aus der Perspektive des großelterlichen Hauses Am Markt 2 aufgenommen. Links ist der Ratskeller zu sehen, im Vordergrund der Marktplatz und gegenüber das zerstörte Haus.

Rainer Holthausen, geboren 1937 in Solingen

Panzersperre in Solingen

Es war im Mai 1945, also kurz vor Kriegsende, als ich als siebenjähriger Junge beobachten konnte, wie Volkssturmleute auf der heutigen Stresemannstraße, die damals Göringstraße hieß, eine Panzersperre errichteten. Zu diesem Zweck schachteten sie mit Spitzhacke und Schaufel in Höhe der Gaststätte Buchenhof in Solingen-Wald von beiden Straßenseiten aus einen ca. 2 m breiten und ca. 1,5 m tiefen Graben aus, wobei in der Straßenmitte eine ca. 3 m breite Durchfahrt gelassen wurde. Andere Männer hatten in der Zwischenzeit im Park der Gaststätte einige Buchen gefällt, deren Stämme sie in ca. 3 m lange Stücke zersägt hatten. Diese Stammstücke stellten sie in zwei Reihen in die Gräben und füllten den Zwischenraum zwischen den Reihen mit Erde aus. Inzwischen hatten sie aus Buchenstämmen ca. 4 m lange Stücke gesägt, die dann horizontal liegend die Durchfahrt in der Straßenmitte verschließen sollten.

Es schauten natürlich auch Erwachsene den Arbeiten zu, die sich über den Sinn dieser Maßnahmen ausließen. Sie glaubten nicht daran, dass diese Panzersperren tatsächlich amerikanische Panzer aufhalten könnten. Sie meinten, dass einige Granaten ausreichen würden, um die mühsam eingesetzten Stämme zu zerstören. Außerdem würden durch die Explosionen die auf beiden Straßenseiten stehenden Gebäude stark beschädigt werden.

Als ich ein paar Tage später wieder an der Stelle vorbeikam, konnte ich beobachten, wie die Panzersperre zum Glück vor dem Einmarsch der Amerikaner wieder entfernt wurde.

Brigitte Leupold, geboren 1943 in Dessau

Erlebnisse aus meiner Kindheit in Russland

Mein Vater, der als Ingenieur bei Junkers in Dessau gearbeitet hatte, wurde im Herbst 1946 mit seiner Familie und vielen anderen Mitarbeitern der ehemaligen Firma Junkers nach Russland verschleppt, um dort beim Aufbau der russischen Flugzeugindustrie zu helfen.

Ich war damals drei Jahre alt, meine Schwester war zwei, und das dritte Kind war unterwegs.

Nach einer Zugfahrt von 14 Tagen erreichten wir einen kleinen Ort in der Nähe von Kuibyschew an der Wolga, einer Großstadt, die heute Samara heißt.

Die verantwortlichen Russen hatten kurzerhand in diesem Ort die Bewohner von einigen Häusern mit Bewohnern in anderen Häusern zusammengelegt und damit Platz für die Deutschen gemacht. Natürlich wirkte sich auch noch der 2. Weltkrieg mit seinen verheerenden Folgen aus. Das Verhältnis zwischen Russen und Deutschen war daher schwierig.

Meine Eltern lernten Russisch in Kursen. Wir deutschen Kinder blieben unter uns, so dass ich nur wenig Russisch lernte.

Im Mai 1950 wachte ich nachts mit fürchterlichen Schmerzen auf. Mein Vater trug mich am Morgen ins örtliche Krankenhaus. Ich musste schnell am Blinddarm operiert werden. Natürlich hatte ich große

Angst, in ein russisches Krankenhaus zu gehen. Doch der operierende Arzt konnte Deutsch. Ich kann mich erinnern, dass er mich bei der Narkose zum Zählen aufforderte. Nach der Operation wurde ich in einem Zimmer mit Frauen untergebracht, die sehr mütterlich waren, mir oft über das Haar strichen und meiner Mutter sagten, was für ein nettes Kind ich sei. Ich fühlte mich wohl und strengte mich an, wieder auf die Beine zu kommen. Ich hatte das Gefühl, wieder laufen lernen zu müssen. Dabei war ich zu Hause die Große.

Der Aufenthalt im Krankenhaus verlief also besser als gedacht. Als ich älter war, ist mir klar geworden, dass Kinder Menschen – in diesem Fall auch Völker – verbinden.

Im selben Jahr (1950) wurde ich eingeschult. In Russland musste man das 7. Lebensjahr vollendet haben, bevor man zur Schule ging. Wenige Wochen nach der Einschulung kehrte unsere Familie (inzwischen sechs Personen) nach Deutschland zurück. Mein Vater hatte das Glück, bei den ersten zu sein, die durch ein Losverfahren nach Dessau zurückgingen.

Bevor wir die lange Zugfahrt von 10 Tagen antraten, ging ich zu allen Stellen, wo ich gespielt hatte und nahm Abschied. Der Raum um Kuibyschew war einige Zeit meine Heimat gewesen.

Am 23.5.1950 schrieb mein Vater eine Postkarte an meine Großmutter mütterlicherseits:

„Luitgard (meine Mutter) hat inzwischen mehrere Briefe geschrieben. Ich hatte die Geburt unseres Hans-Ulrich angezeigt. Wir wissen nicht,

ob diese Nachrichten zu Dir gelangten.

Von Richard (Bruder meiner Mutter) kam ein Paket mit Mehl und Zucker an, eine große Freude für uns.

Brigitte wurde am Sonntag am Blinddarm operiert. Sie ist außer Gefahr! Vom ersten Schmerzanfall in der Nacht bis zur Operation vergingen keine 24 Stunden. Ich habe den abgetrennten Teil des Wurmfortsatzes gesehen.

Hoffentlich haben wir Brigitte am Sonntag wieder zu Hause bei uns."

Das erste Bild entstand bei meiner Einschulung. Die Tüte haben meine Eltern aus einem Lampenschirm gemacht. Das zweite Foto zeigt meine Mutter mit ihren Kindern. Das dritte Foto zeigt die deutsche Kinderschar in unserer Siedlung. Ich bin das Mädchen mit den Affenschaukeln.

Anita Schumacher, geboren 1950 in Bütgenbach, Belgien

Meine Eltern lernten sich im Gefängnis

kennen

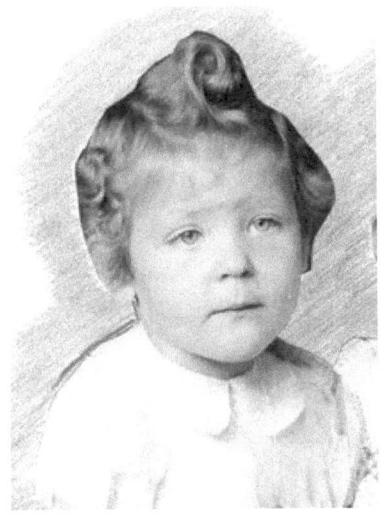

Die Anregung einer Freundin hat mich dazu gebracht, mir ein paar Gedanken über meine Jugenderinnerungen bzgl. 2. Weltkrieg zu machen.

1950 in Ostbelgien (Kanton St.Vith, Schneifel) geboren und in einem kleinen Bauerndorf, wo mein Vater Betriebsleiter einer Genossenschaftsmolkerei war, bin ich wohlbehütet und in großer Freiheit mit vier Geschwistern deutschsprachig aufgewachsen. Die Erziehung orientierte sich an „Preußischen Tugenden"!

Wenn Besuch kam wurde viel und oft vom „Erlebten im Krieg" erzählt - auch noch 15-20 Jahre nach dessen Ende.

Meine Eltern (Jahrgang 1915 und 1917) stammten aus der Nachbargemeinde und haben sich erst nach dem Krieg kennengelernt, und zwar im Gefängnis!

Vorab eine kurze Erklärung der Historie „Ostbelgien: Kantone Eupen-Malmedy-St.Vith".

Dieses Gebiet gehörte seit 1815 bis nach dem 1. Weltkrieg zu Preußen, mit dem Versailler-Vertrag 1920 wurden die o.g. Ostkantone als „Wiedergutmachung" an Belgien abgetreten, d.h. sie wurden vom Deutschen Reich abgetrennt.

Ab 1936 entpuppte sich die „Pro-Deutsche" Bewegung als die „Heimattreue Front", die von Hitlers Deutschland finanziell unterstützt wurde.

Die Kluft zwischen den Pro-Deutschen und Pro-Belgiern wurde immer größer, das ging bis in die Familien hinein, mit schlimmen Auseinandersetzungen! Die „Neubelgier" waren eben noch nicht völlig integriert!

1940, beim Einmarsch der Deutschen Wehrmacht ins neutrale Belgien, hat der „Pro-Deutsche" Teil der ostbelgischen Bevölkerung diese mit „hurra"- und „Heim ins Reich"- Rufen empfangen! Meine Eltern und deren Familien gehörten dazu. Im Mai 1940 wurde das Gebiet dann auch offiziell wieder in das Deutsche Reich eingegliedert. 8.000 Ostbelgier dienten ab Herbst 1941 in der Deutschen Wehrmacht.

Mein Vater hatte sich 1939 freiwillig zu dieser Wehrmacht gemeldet. Nach einer Ausbildung in Berlin wurde er den „Brandenburgern" zugeordnet und dann in Paris eingesetzt.

Später war er ebenfalls zeitweise in Russland an der Front. Zur Ardennenoffensive wurde er dann in seine Heimat beordert. Er kam in amerikanische Kriegsgefangenschaft und wurde glücklicherweise schon nach ca. einem halben Jahr entlassen.

Er hat oft vom großen Glück, was ihm immer wieder zuteil wurde, gesprochen.

Auch von der großen Kameradschaft,die er erlebt hat. Für ihn und meine Mutter war der Krieg verloren.... wir Jugendlichen kamen von der Schule und sprachen von der Befreiung durch die Amerikaner! Große Diskussionen wurden geführt und natürlich gefragt: „Was wusstet ihr?"

Von der späteren großen Enttäuschung meines Vaters, hintergangen worden zu sein, für ein Ideal gekämpft zu haben mit all den bekannten schlimmen Taten und Folgen, war da noch keine Rede.

Nach der Gefangenschaft hat mein Vater sich einige Monate mit Gelegenheitsarbeiten in der deutschen Eifel (2 Schwestern von ihm wohnten dort) durchgebracht, bevor er nach Hause ging. Er wusste ja nicht, was der belgische Staat mit den „freiwillig" zur Deutschen Wehrmacht gemeldeten Soldaten aus den Ostkantonen vorhat.

Er und viele andere (ca. jeder vierte Einwohner) wurden als Deserteure, Kollaborateure oder wegen anderer Delikte vom belgischen Kriegsgericht angeklagt und verurteilt. So musste mein Vater für 1 Jahr nach Verviers ins Gefängnis.

Dort hat ihn meine Mutter kennen gelernt, weil sie wiederum ihren Vater besuchte, der ebenfalls für ein Jahr verurteilt wurde, weil er während des Krieges Ortsbürgermeister war und sich mit seiner Familie Anfang September 1944, vor der Ardennenoffensive, nach Deutschland evakuieren ließ. Er ist dem Aufruf der Deutschen Parteiführung gefolgt.

Meine Mutter erzählte, wie sie mit den Fahrrädern 45 km nach Verviers zum Gefängnis gefahren sind, unter dem Rock kiloweise Butter und Wurst dorthin geschmuggelt haben, damit die Eingesperrten sich einen erträglicheren Aufenthalt damit erkaufen konnten.

Auf diesen Fahrten mussten sie ständig die Rufe „sales bosches" (dreckige Schweine) ertragen.

Aus dem Gefängnis schrieb mein Vater ihr dann die ersten Liebesbriefe mit schönen Blumenzeichnungen, er hatte ja viel Zeit.

Nach dem Krieg musste meine Mutter wiederum für ein Jahr in „résidence forcée"! D.h. sie musste unentgeltlich arbeiten als Strafe dafür, weil sie volljährig mit ihren Eltern und zwei minderjährigen Brüdern in Deutschland und nicht in Belgien evakuiert war.

Die Familie meiner Mutter war in Wolfgruben bei Biedenkopf in einem Bauernhof untergekommen. Die Evakuierung wurde von Deutschland aus organisiert, mit dem Notwendigsten ging es im

Treck mit Pferdefuhrwerken über Udenbreth, Meckenheim, Herborn, nach Nordhessen.

Fliegerangriffe mit Beschuss hat sie auf dieser Fahrt zweimal erlebt. Alle im Treck haben glücklicherweise diese schlimmen Angriffe überlebt.

Dort in Wolfguben sind sie fast zwei Jahre geblieben. Eine Freundschaft entstand und ab Mitte der 60er Jahren haben die Familien sich gegenseitig öfter besucht.

Bei einem Bombenangriff auf eine Fabrik in Dautphe hat meine Mutter zwei gleichaltrige Kusinen, die dort arbeiteten, verloren. Das hat sie sehr mitgenommen, weil sie ursprünglich auch dort eingesetzt werden sollte.

Eineinhalb Jahre nach Kriegsende, als die Familie diesmal mit der Eisenbahn zu Hause in Belgien ankam, war ihr Bauernhof von den Nachbarn bewohnt, weil diese ausgebombt waren.

Die gleiche Situation fanden meine Großeltern väterlicherseits in ihrem Haus vor. Die „Pro-Belgischen" Nachbarn wollten zunächst das Haus nicht räumen, es hat sich aber dann doch noch alles zum Guten gewendet. Allerdings sollten wir damals, wenn wir bei Oma und Opa auf Besuch waren, mit diesen Nachbarkindern nicht spielen!

Mein Zwillingsbruder und dessen Sohn mit Familie wohnen heute noch dort. Ebenso die nachfolgenden Generationen der Nachbarn, deren Haus mit Kriegsschäden wieder aufgebaut wurde.

Da nach dem „verlorenen Krieg" die ostbelgischen „Pro-Deutschen-Beamten" ihren Status und damit ihre Arbeit verloren, musste mein Großvater (Steuereinnehmer) mit 55 Jahren beruflich nochmal neu beginnen. Seine Beamtenpension erhielt er dann von Deutschland, musste aber mindestens 6 Monate im Jahr dort wohnen.

Weil auch die meisten örtlichen Lehrpersonen dadurch ihre Arbeit verloren haben, kamen unsere Lehrer in der Volksschule aus der französischsprachigen Wallonie, wahrscheinlich 1. Fremdsprache Deutsch. Zumindest haben sie ihr Bestes gegeben, somit habe ich dann auch noch direkte Auswirkungen dieses Krieges erfahren.

Meine Mutter hat es bei Ihrer „Zwangsarbeit" gut getroffen, sie war in die Familie eines Richters als Mädchen für alles, aber hauptsächlich zur Kinderbetreuung, vermittelt worden. Die Familie war sehr anständig, sie hat uns später noch öfter besucht. Wir wohnten ja in einer landschaftlich sehr schönen Gegend.

Als mein Vater 1947 aus dem Gefängnis entlassen wurde, sind ihm zunächst die „Bürgerlichen Ehrenrechte" aberkannt worden. Trotzdem hat er gleich den Posten bei der Molkereigenossenschaft erhalten. Seine Ausbildung hat er übrigens u.a. in Dreiborn und in der Molkereifachschule in Kleve erhalten.

Es wurde geheiratet und eine 2-Zimmerwohnung (ohne Bad) im ersten Obergeschoß mit Waschgelegenheit im Keller neben der Molkerei bezogen.

Dort sind mein Bruder und ich geboren und die ersten beiden Jahre bis zum Umzug aufgewachsen.

Da meine Mutter ein Jahr später mit meinem 2. Bruder schwanger wurde, und kein größerer Wohnraum im Dorf zur Verfügung stand, wurde einfach über der Molkerei von der Genossenschaft eine Wohnung mit außenliegender Zugangstreppe gebaut.

Bei uns ging's ab da „laut" her.

Doris Schulte, geboren 1938 in Liebstadt/Ostpreußen

Ja, damals,...

in dem Städtchen Liebstadt an dem Flüsschen Liebe in Ostpreußen, Anfang der vierziger Jahre hielten wir uns auf der Straße, die mäßig befahren war, nicht oft auf. Nur gelegentlich marschierten wir im Militärschritt und sangen das Lied von Kaiser Wilhelm, den wir wieder haben wollten, oder vom Hauptmann, der an gewisser Stelle ein Loch hatte. Immer wieder wurden wir von unseren Müttern eiligst gestoppt. Unser Spielareal befand sich hinter den Häusern. Da wir zwölf Kinder aus Nachbarhäusern waren, wurde aus den die Grundstücke trennenden Zäunen jeweils eine Latte rausgeschraubt, so dass wir uns schnell zusammenfinden konnten. Und so hatten wir eigentlich alles zu unserer Verfügung: Schaukeln, Turngerät, Spielwiese, Obst- und Gemüsegarten für die Verpflegung, eine Fliederlaube und das stillgelegte Auto in unserer Garage. Da besonders die Jungen an letzterem großes Interesse hatten, mussten die Mütter abends die Hosen filzen, um den DKW wieder zu vervollständigen.

Wir bekamen Berliner Flüchtlinge in unsere Wohnung, und da meine Oma sehr krank wurde und starb, verbrachten meine Mutter und ich die meiste Zeit bei meinem Opa in dem großen Schwalgendorf. Es lag an dem langen Geserichsee, war von Wald umgeben mit klaren Seen darin und einem reichen Angebot an Himbeeren, Brombeeren,

Blaubeeren und Preiselbeeren und natürlich auch an Pilzen. Die Blaubeeren färbten so schön.

In diesem Dorf wurde ich eingeschult, lernte Radfahren und durfte in einem Ein-Mann Ruderboot zwischen Seeufer und aufgestellten Fischreusen mich allein vergnügen. Mein Opa nahm mich überall mit hin, sei es mit dem Motorboot über den See, auf dem Prahm zum Viehtransport auf und von den Futterwiesen auf den Inseln, mit Pferd und Wagen in die nächsten Ortschaften oder mit dem Pferdeschlitten durch weiße Wälder oder über den zugefrorenen See. Dadurch hat sich mir die ganze Gegend bis heute eingeprägt.

An Spielkameraden mangelte es auch in Schwalgendorf nicht. Außerdem lebten dort außer meinem Urgroßvater auch viele Verwandte. Nur meinen Vater vermisste ich sehr. Die wenigen Heimaturlaube lagen für mich viel zu weit auseinander.

Die Angst des Krieges schlich sich immer mehr in meine Kindheit ein, zumal auch bei meinem Opa Berliner Flüchtlinge wohnten und schon im August 1944 ein Russeneinfall im Osten stattfand.

Und dann änderte sich plötzlich über Nacht alles. Mein Opa brachte meine Mutter und mich nach Rosenberg, wo wir uns zusammen mit einer Tante in den Treck einordneten. Meinen Opa und meinen Hund mussten wir zurücklassen. Wir sahen uns nie wieder.

Mit sehr viel Glück und dem Mut meiner Mutter gelangten wir nach Saalfeld in Thüringen, erlebten dort die Kapitulation, den Einmarsch und Abzug der Amerikaner. Und dann kamen die Russen und mit ihnen wieder die Angst.

Im Januar 1946 sind wir noch mal geflohen und erreichten Schleswig-Holstein, wo es auch Seen und die Ostsee gab. Dorthin wurde endlich mein Vater entlassen.

Ja, und dann begann mein zweites Leben.

Dr. Hans-Jürgen Schulte, geboren 1931 in Münster

Vertreibung aus Oldenburg

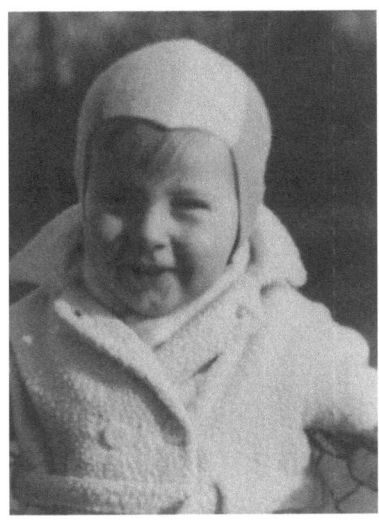

Geboren bin ich am 25. April 1931 in Münster / Westfalen.

1939 übernahm mein Vater eine Leitungsposition in Oldenburg, was eigentlich von Dauer sein sollte. Aber dann begann der Zweite Weltkrieg. Mein Vater wurde Soldat und ist kurz vor Kriegsende im Osten gefallen. Zu uns kamen britische Besatzungstruppen. Sie beschlagnahmten das Haus, in dem wir eine Wohnung hatten, und meine Mutter und ich standen plötzlich auf der Straße. Der Abschied fiel mir schwer; ich fühlte mich heimisch in Oldenburg und wäre gern geblieben.

In der Nähe von Osnabrück fanden wir bei bäuerlichen Verwandten eine neue Bleibe. Ernährungsmäßig hatte das große Vorteile, schulmäßig war es für mich aber sehr beschwerlich. Um nach Osnabrück ins Gymnasium zu kommen, musste ich mit einem ziemlich kaputten Fahrrad 15 km fahren. Besser wurde es erst, als die Eisenbahn wieder fuhr, auch wenn man gewöhnlich nur einen Platz auf dem Trittbrett oder auf dem Puffer bekam.

1948 gab es die Währungsreform, und das Geld wurde knapp. Meine Mutter fand einen Job bei einer netten alten Dame, der sie den Haushalt führte. Dort konnten wir auch wohnen. Allerdings war das in Hildfeld, einem kleinen Dorf im Sauerland, von wo aus man kein

Gymnasium erreichen konn-
te. Ich musste nach Schmal-
lenberg / Hochsauerland
ausweichen und bezog dort
ein kleines Zimmer, ziemlich
dreckig und unbeheizt. Die
Schulspeisung war manches
Mal meine einzige warme
Mahlzeit. Das war wirklich
ein Tiefpunkt!

Ein Jahr später erst verbesserte sich meine Situation. Ich konnte von
einer Abiturientin ihr schönes Zimmer übernehmen. Es war geheizt,
die Wirtsleute waren freundlich und es gab ein Abendessen: meistens
Bratkartoffeln mit Speck.

Dr. Fritz Ötting, geboren 1940 in Berlin-Spandau

Mein Leben als Flüchtling in Bayern

Meine Mutter und ich wurden im Februar 1945 nach zwei totalen Bombenschäden von Berlin ins Allgäu evakuiert. Mein Vater war im September 1940 als Hauptmann der Luftwaffe bei einem Feindflug über London abgeschossen und in Egmond an Zee in den Niederlanden angeschwemmt worden.

So kamen wir, meine Mutter mit einem Koffer, daran angebunden eine große Rötelzeichnung meines Vaters, und ich mit einem kleinen Rucksack sowie einem kleinen Köfferchen mit dem Zug in Kempten-Kottern an. Als erstes erlebten wir einen Fliegerangriff und mussten in einen Schutzkeller. Ich sehe noch den Soldaten vor mir, der uns einwies.

Wir kamen dann in unser erstes Domizil. Es war ein Nebenraum in der mechanischen Werkstatt Riedle in dem Ort Albis, das offenkundig der spätere Ehemann meiner Mutter, Claus Freiherr von Fritsch aus Immenstadt, organisiert hatte.

Ich erinnere mich, wie kurz vor Ende des Krieges die deutschen Soldaten meine Mutter um ein Fahrrad anbettelten; später kamen amerikanische dann französische Truppen. Uns geschah nichts, für mich war es irgendwie aufregend und interessant. Meine Mutter weinte in dieser Zeit oft, was ich aber nicht verstand. Es gab offenbar Schwierigkeiten mit unserer Akzeptanz bei den Riedles. Die junge Frau brachte

uns relativ schnell in Wachsenegg auf einem Bauernhof unter. Meine Mutter musste sich dort nützlich machen. Sie half im Haushalt und auf dem Feld und strickte viel aus Wollresten. Dadurch konnten wir mitessen und hatten keinen Hunger.

Ich erinnere mich an das erste Weihnachten im Allgäu, wo ich einen aus Heu gefüllten Ball aus Stoffresten bekam. Ich erinnere mich auch an die gemeinsamen Mittagessen, wo alle um einen großen Ecktisch saßen und jeder mit dem eigenen Löffel aus einer in der Tischmitte aufgestellten Pfanne schöpfte. Es gab durchweg halbfeste „Mehl- oder Kartoffelpampen", niemals Fleisch oder Gemüse, höchstens Salat. Meine Mutter hatte große Probleme mit den Tischsitten, wo der Löffel nach Gebrauch abgeleckt wurde.

Von den Sorgen und Nöten meiner Mutter bekam ich als Fünfjähriger überhaupt nichts mit. Erst als ich erwachsen wurde, verstand ich die damalige Problematik. Heute kann ich sagen, dass sich meine Mutter eigentlich nie mit diesem dramatischen Schnitt in ihrem Leben abgefunden hat. Sie hat sich auch nie mit der für sie unverständlichen Sprache angefreundet. Als ich erwachsen wurde, hat sie sich bei jeder Gelegenheit über diese erste Zeit in Sulzberg beklagt. Heute kann ich es gut verstehen: Sie verstand den Dialekt nicht, wurde als Witwe eines Luftwaffenoffiziers oft beschimpft und fühlte sich schikaniert. Und sie hatte definitiv kein Geld, so dass sie auf fremde Hilfe angewiesen war. Besonders daran denke ich oft, wenn ich die Diskussionen über die jetzigen Flüchtlinge erlebe. Bei uns gab es definitiv keine Willkommenskultur! Und dazu Protestanten, das war nochmal eine negative Steigerung.

Es gab häufig Streit und Geschrei auf dem Hof in Wachsenegg. Die Gegensätze konnten auch nicht größer sein: Meine Mutter kam, wie man sagt, aus gutem Hause in Mecklenburg, war verwöhntes Einzelkind, hatte unmittelbar nach dem Abitur gegen den Willen der Eltern ohne eine Ausbildung einen Berufssoldaten geheiratet, war dann mit 21 Jahren Witwe mit einem

drei Monate alten Jungen. Bei Kriegsende war sie erst 26 Jahre alt und wurde behandelt wie eine Magd.

Auf für mich wundersame Weise kamen wir kurze Zeit später dann im Ort Sulzberg unter in der Gesellenkammer einer Schreinerei. Heute denke ich, dass die Gemeindeverwaltung in Sulzberg das Problem der Unterbringung von Flüchtlingen und Evakuierten mit einem gewissen Zwang bewältigt hat. Ich habe oft dem Schreiner bei seiner Arbeit zugeschaut. Er hat mir immer erklärt, was er macht und hat mir lockige Hobelspäne geschenkt.

Einige Monate später zogen wir dann in ein größeres Zimmer im Dorfzentrum. Ich weiß noch gut, dass meine Mutter mit an Schnüren aufgehängten Bettlaken den Raum etwas aufgeteilt hat. In keiner dieser Unterkünfte gab es fließendes Wasser bzw. Toilette oder einen Herd zum Kochen oder Wärmen.

Meine Mutter lernte dann auf dem Gemeindeamt den Käsermeister aus Aleuthe kennen. Er war uns wohl offenbar wohlgesonnen und bot uns eine kleine Gesellenwohnung in seiner Käserei in Aleuthe an.

Meine Mutter hat diese Begegnung oft als die glücklichste Fügung des Schicksals bezeichnet.

In Aleuthe machten wir einen riesigen Sprung: es gab einen Herd zum Kochen, neben dem Herd gab es eine Wasserleitung mit Hahn direkt aus der Wand. Das Wasser wurde in einen Eimer oder eine Schüssel abgezapft, nach Gebrauch dann draußen in das Plumpsklo geleert.

Die „Wohnung" bestand aus zwei winzigen, aber gemauerten Räumen in einer großen Tenne, die voll von Geräten und Gerümpel stand. Der Abort war ein Bretterverschlag an der westlichen Seite des Hauses, außen angebaut, saukalt im Winter, voller Fliegen im Sommer. Zu dieser Tenne gab es einen Bretteraufgang und in der anderen Ecke einen Hühnerstall mit großen, braunen Hühnern.

In der Käserei bekamen wir jeden Abend einen Liter Milch und gelegentlich ein Stück Butter. Bis heute ist für mich die schönste Brotzeit frische Milch, Käse und Butter.

Meine Mutter arbeitete damals im Sommer bei der Heuernte in der Nachbarschaft bei verschiedenen Bauern. Dafür gab es dann Teilhabe am Essen. Das Heizmaterial war Holz und Zapfen, die wir laufend gesammelt haben. Ich habe an diese Zeit, im Gegensatz zu meiner Mutter, nur die besten Erinnerungen und gehungert habe ich nie.

Aleuthe hatte für einen kleinen Jungen viel zu bieten: die große Sägerei Hartmannsberger mit dem Teich und dem riesigen Holzlager, dann den Bach mit seinen Forellen und Krebsen. Ich habe unzählige dieser Leckereien nach Hause gebracht, von meiner Mutter ermuntert. Von der Käserei zum Bach hin gab es ein kleines Stück Garten, wo meine Mutter Erbsen und Gemüse anbauen durfte.

Jeder unserer Tage begann mit den vielfältigen Geräuschen der Bauern, die direkt unter unserem Fenster von 7 – 8 Uhr ihre Milch ablieferten. Der Abendtermin war dann 17 bis 18 Uhr.

Ich wurde im Herbst 1946 in die Volksschule Sulzberg eingeschult.

Ich kann mich eigentlich überhaupt an keine Details oder Namen erinnern. Haften geblieben ist nur, dass ich viel gemobbt und oft verprügelt worden bin, nicht schlimm, aber dadurch war ich immer unter Druck. Ich habe mich dann anfangs bei meiner Mutter beklagt. Die ging dann in die Schule und hat meine Klassenlehrerin informiert, die dann für die drei Übeltäter Nachsitzen verordnete. Das half mir, aber löste nicht das Problem.

Irgendwann habe ich mich dann entschlossen, mich zu wehren. Ich habe mir einen Haselnussstecken geschnitten und habe jedem der drei Buben einzeln aufgelauert und sie vermöbelt. Ich weiß noch, dass ich einen erwischte mit einem Korb Eier, die er austragen musste. Ich habe ihm jedes Ei einzeln ins Gesicht gehauen. Er hat furchtbar gejammert und dann zu Hause noch eine richtige Abreibung bekommen. Von da an hatte ich Ruhe und wurde zu einem normalen Schüler. Für mich war das eine Lektion fürs Leben. Ich habe mich später nie gescheut, in meiner Volksschulzeit bei Bedarf handgreiflich zu werden.

Von der Schule weiß ich auch noch, dass montags immer vom Pfarrer gefragt wurde, wer am Sonntag nicht in der Kirche gewesen war. Die mussten vortreten und bekamen einige Schläge mit einem Stock auf die Finger. Ich war jedes Mal dabei, bis meine Mutter mich und andere aufklärte, dass wir Protestanten wären und nicht in eine katholische Kirche gehen müssten.

Zeit zum Spielen gab es nicht für Kinder, man musste immer helfen. Jeder war fest im Alltagsleben eingebunden, ohne jede Freizeit. So habe ich viele Male Kühe gehütet, von der Weide geholt, Gras gemäht, beim Heuen geholfen und Obst gesammelt. Der Lohn war immer mitessen zu dürfen. Auf dem Hof gab es auch keine Toilette, man ging in den Kuhstall. Ich habe dies in schöner Erinnerung, aber meine Mutter hat mich immer ausgeschimpft, wenn ich nach Kuhstall roch oder Sachen schmutzig gemacht hatte.

Im Herbst gab es immer die gleichen Sammelkampagnen: Blaubeeren in Bodelsberg, Brombeeren an einem Hang bei Wachsenegg und Himbeeren. Zapfen und Feuerholz wurde das ganze Jahr über gesammelt. Im Gegensatz zu meiner Mutter habe ich mich in diesem bäuerlichen Umfeld sehr wohl gefühlt. Und natürlich war die Käserei von Willi Walk damals ein großer Interessensschwerpunkt - bis heute. Ich weiß noch, dass in der Käseküche zwei Schwalbennester waren. Da musste stets ein kleines Fenster offenbleiben. Ich sehe die Vögel vor mir, wie sie immer auf der Deckenschiene saßen und in die Milch …. Das war der geheime Zusatz für den guten Allgäuer Emmentaler, der damals zwei Jahre gelagert wurde, bis er von einem Lastzug abgeholt wurde. Hier möchte ich die Beschreibung meiner Sulzberger Jahre beenden. Mir ist die Zeit in sehr positiver Erinnerung. Ich fühle mich den Menschen und der Landschaft bis heute sehr verbunden. Den Dialekt kann ich zwar nicht mehr sprechen, verstehe aber alles.

Helgard Vorwig, geboren 1937 in Hamm

In einer Nacht voll Bomben...

Am 1. September 1939 begann der Zweite Weltkrieg, den wir schon bald hautnah erlebten.

In der Nacht vom 28. bis zum 29. August 1941 wurde die Landwirtschaftsschule, unser Zuhause in Unna-Königsborn, Hindenburgallee 50, wo mein Vater Direktor war, von einer Bombe getroffen.

Ein einzelner englischer Bomber hatte auf den Hof Schulze-Höing, der hinter der Landwirtschaftsschule lag, eine Brandbombe geworfen, weil der Schweizer (Melker) schon im Kuhstall Licht gemacht, aber schlecht verdunkelt hatte.

Als der Hof brannte, spiegelte sich der Feuerschein in den großen Fenstern des Schulgebäudes. Der Pilot hat wahrscheinlich eine in Betrieb stehende Fabrik vermutet und auch dieses Gebäude bombardiert.

Die Bombe zerstörte das gesamte Treppenhaus und auch unsere Küche. Unser Schlafzimmer war nur durch die Breite des Hausflures vom Bombeneinschlag entfernt. Meine Mutter und ich lagen noch in unseren Betten, mein Vater war aufgestanden und stand am Fenster im Schlafzimmer.

An das Heulen und Pfeifen der näher kommenden Bombe kann ich mich noch gut erinnern. Ich habe auch gedacht, meine Mutter hät-

te mir die Ohren zugehalten, doch das war wohl der Luftdruck. Mein Bettchen lag dann dick voll Staub und Mörtel von der zerstörten Zimmerdecke.

Meine Eltern und ich und auch die Hausmeisterfamilie aus der Dachwohnung wurden über eine lange Feuerwehrleiter von der Feuerwehr durchs Fenster aus der zerstörten Wohnung geholt.

Einige Wochen nach dem Bombenangriff hat unsere Mutter im großen Schulgarten ein vollständig heiles Einkochglas mit Stachelbeeren gefunden. Die Gläser standen noch auf dem Küchentisch, als die Bombe fiel, sie waren am Vortag eingekocht worden.

In den folgenden Tagen konnten wir bei einer befreundeten Familie wohnen. Danach bekamen wir eine Wohnung in der Kaiserstraße in Königsborn. Hinter unserem neuen Zuhause gab es einen weitläufigen ungepflegten Park mit einer großen baufälligen Saline. Obwohl es nicht erlaubt und von meinen Eltern verboten war, kletterte ich mit meinen Spielkameraden gerne in der Saline herum und balancierte über die alten Balken und Bretter. Es war immer spannend und aufregend.

Der Duft einer frischen Scheibe vom „Kasslerbrot" mit Butter und Rübenkraut erinnert mich noch heute an Königsborn, wenn ich damals mit meinem Butterbrot nach draußen zum Spielen durfte.

An Wochenenden fuhren wir zu den Großeltern. Auf der Rückfahrt nach Königsborn habe ich immer gesungen, doch beim Abbiegen von der Autobahn musste ich immer aufhören. Dann musste sich mein

Vater sehr konzentrieren und es war sehr spannend, wenn er nach links über den Mittelstreifen mit Rasen und dann über die linke Fahrbahn an einer Tankstelle von der A 2 abfuhr – zum Glück gab es kaum Gegenverkehr. Danach durfte ich wieder singen!

Berta Schwegmann, geboren 1941 in Göttingen

Glückliche Kindertage im Krieg

Während der ganzen Kriegsjahre lebte meine Mutter mit uns Kindern in sicherer Obhut bei ihren Eltern und Verwandten in Dransfeld, einem Dorf zwischen Göttingen und Hann. Münden. 1941 wurde ich in Göttingen als zweites Kind geboren. Die Sorgen und Ängste der Mutter haben uns Kinder nicht berührt. So sind mir diese vier Lebensjahre als heile Welt in Erinnerung.

Im Mai 1945 zogen britische Soldaten und Panzer durch Dransfeld. Unsere Wohnung wurde durchsucht. Das war für ein Kind ein ziemliches Durcheinander.

Die Soldaten sprachen englisch, das hatte man mir erklärt. Ein englisches Wort konnte ich auch sprechen: „chocolate". Ich stand an der Dorfstraße, ein Panzer hielt, und ich rief wohl laut und deutlich: „chocolate"! Ein britischer Soldat hob mich auf den Panzer, schenkte mir ein Stück Kuchen und setzte mich – Gott sei Dank – wieder auf der Straße ab.

Ich weiß nicht, wie lange die Briten in unserem Dorf blieben. Sie zogen ab mit einer Militärparade und mit schottischer Dudelsackmusik. Bis heute ist für mich der Dudelsack eine Ohrenfolter, aber Kuchen und Briten mag ich sehr.

Marie-Luise Pelz, geboren 1939 in Neuwied

Völkerverständigung über den Zaun

Man schrieb das Jahr 1946, ich wohnte in Neuwied am Rhein und war 6 Jahre alt.

Am 8. Mai 1945 fand die Kapitulation des grausamen Zweiten Weltkrieges statt! Die Bilanz war verheerend. Millionen Menschen hatten ihr Leben verloren, und Deutschland lag in Schutt und Asche. Die Hungersnot, die viele Menschen erfasste, tat ihr Übriges.

Wohl dem, der einen Garten beackern konnte! Meine Eltern hatten Glück! Wir ernteten Kartoffeln, Gemüse und allerlei Beeren. Im Anschluss an unseren Garten hatten amerikanische, farbige junge Soldaten ihr Quartier bezogen. Sie wohnten in Holzbaracken mit einem hohen Zaun aus Maschendraht von uns getrennt.

Wir Kinder, meine ältere Schwester und Nachbarskinder, fanden diese Situation sehr spannend. Wir rätselten, wie wohl die dunklen Männer mit ihren schwarzen Augen und lockigen Haaren ihren Tag verbringen würden. Wir „Pänz" wollten auf jeden Fall Kontakt mit ihnen aufnehmen. Ich hing mit meinen kleinen Füßen im Maschendraht und verschaffte mir Aufmerksamkeit. Der Einsatz hatte sich gelohnt. Die guten Seelen kamen an den Zaun und schenkten uns amerikanische Schokolade und Kaugummi. Wir waren total happy! Wir waren nun mutiger und sangen ihnen deutsche Volkslieder vor. Alle hatten ihren Spaß! Uns störte nicht, dass hier junge Männer waren, die eine ganz andere Hautfarbe hatten.

Es blieb nicht bei den Süßigkeiten, sie schenkten uns in einem Leinensäckchen verpackt „echten Bohnenkaffee". Unsere Mama war hoch erfreut und machte ein Fest daraus.

Das Jahr neigte sich dem Ende zu, und Weihnachten stand vor der Tür. Wir schmückten unsere gemütliche Küche weihnachtlich mit einem großen Tannenbaum. Es gab selbst gemachte Bonbons (auf der Herdplatte gezaubert) mit Haferflockenplätzchen und zum Abendessen Kartoffelsalat! Meine Eltern hatten zwei amerikanische Soldaten eingeladen, die mit uns Weihnachten feierten. Mit Tränen in den Augen, so erzählten es uns unsere Eltern, sangen sie mit uns das bekannte Weihnachtslied „Stille Nacht, heilige Nacht ....". Sie hatten gewiss Heimweh nach ihren Familien in Amerika.

Aus meiner Sicht war es eine schöne und herzliche Völkerverständigung.